Imperati
lo Scudillo
Villa Ruffo
Guardia Dog.
Caracciolo
li Canciani
Catacombe
S. Gennaro
de Poveri
(Osped.)
Ponte di S. Martino
Colleggio di
Vincenzo Ferreri
Ponticello
Ponte del
Monte Donzelle
Villa S. Giacomo
di Capri
Alterio
Due Porte
Str. Materdei
Guardia
Str. di Gonzalone
Arenella
Villa
Genzano
Case Puntellate
Bottone
S. Ma Costantinop.
Antignano
Militär
Hospital
Villa
de Biase
Castel S. Elmo
S. Martino
Il Vomero
Vico Belvedere
Monte Calvario
Teatro
nuovo
Strada di Belvedere
Villa Regina
Villa
Belvedere
Villa
Floridiana
Palazzolo
Villa Giordano
Lucia
Villa Tricase
S. Teresa
Palazzo
Marchese
Vasto d'Avalos
Ascensione
Palazzo
Francavilla
Str. S. Teresa
Ponte di
Chiaja
Rione Principe Amadeo
Politeama
Pal. Princ.
Ottajano
Piaz. dei
Martiri
S. Francesco
da Paola
Cappella Inglese
Mercato
Nuovo
Riviera di Chiaja
Il Boschetto
Villa Nazionale
Largo
Vittoria
La Torretta
Piazza
Umberto I.
Aquario
Caracciolo
Pizzofalcone
Str. di Piedigrotta
S. Ma
Piedigrotta
Via Corso Umberto I.
Spiaggia di Chiaja
Grab
Virgils
Marino
Guardia
Str. Mergellina

NEAPEL.
Maßstab 1 : 26000.
100 0 200 400 600 800 1000 Met
Die zum Umbau, bez. Neubau bestimm
ten Stadtteile sind mit blaugrauer Farb
eingedruckt.
Pferdebahn.
Regio Albergo dei Poveri (Reclusorio)
(Specola)
Orto Botanico
Camposanto vecchio
Cimitero dei Protestanti
Le Paludi
Porta Capuana
Castel Capuano
Stazione Centrale
S. Giovanni Carbonara
S. Caterina a formello
S. Maria Donna Regina
Duomo
S. Restituta
S. Gennaro
S. Filippo Neri
S. Paolo Magg.
S.S. Annunziata
S. Lorenzo
Porta Nolana
Madonna delle Grazie
Gazometro
S. Domenico
S. Severino
Università
S. Chiara
Accademia
S. Marcellino
Piaz. del Mercato
S. Maria del Carmine
Castel del Carmine
Borgo di Loreto
Largo e Ponte dla Maddalena
Taverna del Sebeto
Villa del Popolo
Spiaggia della Marinella
S. Maria la nuova
Ponte dell' Immacolatella
Immacolatella
Porto Grande
Porto Franco
Pal. Fondi
Teat. Mercadante
Castel Nuovo
S. Barbara
Lanterna (Leuchtturm)
Porto Militare
Darsena
Bacino da Radobbo
Piazza Cavour
Strada Foria
Corso Garibaldi
Str. Carbonara
Str. dei Tribunali
Str. della Marinella
Strada Nuova
l dell' Ovo
iana del Castello

Sohn-Rethel
Das Ideal des Kaputten

Alfred Sohn-Rethel

Das Ideal des Kaputten

Herausgegeben und mit einem Nachwort
versehen von Carl Freytag

ça ira

Gesamtverzeichnis, Leseproben, Texte:
www.ca-ira.net

Die vierbändige Werkausgabe von Alfred Sohn-Rethel erscheint seit 2012 bei ça ira:
Band I: Von der Analytik des Wirtschaftens zur Theorie der Volkswirtschaft. Frühe Schriften
Band II: Die deutsche Wirtschaftspolitik im Übergang zum Nazifaschismus. Analysen 1932 – 1948 und ergänzende Texte
Band III: Frühe Exposés zur materialistischen Kritik der Erkenntnis. Luzern – Paris – Oxford. 1936 – 1937 und ergänzende Texte
Band IV: Geistige und körperliche Arbeit. 1947 – 1989

Der ça ira-Verlag dankt Bettina Wassmann für die Genehmigung der vorliegenden Ausgabe.

Gedruckt mit der Untersützung der Studierendenvertretung Soziologie und der Fakultätsvertretung Human- und Sozialwissenschaften an der Universität Wien.

Postfach 273 www.ca-ira.net
79002 Freiburg info@ca-ira.net

Umschlaggestaltung und Satz: David Hellbrück, Wien
Druck: CPI buch bücher.de GmbH, Birkach

ISBN 978-3-86259-144-2

Die Deutsche Bibliothek verzeichnet diese Publikation in der Deutschen Nationalbibliografie; detaillierte bibliografische Daten sind im Internet über http://dnb.d-nb.de abrufbar.

Inhalt

Eine Verkehrsstockung in der Via Chiaia 13

Vesuvbesteigung 1926 27

Das Ideal des Kaputten
Über neapolitanische Technik 41

Sigurds Ratten 49

Dudley Zoo. Eine Elefantengeschichte 55

Carl Freytag
Von der »Filosofia del rotto« zur Philosophie als »Burg unserer letzten Rettung«
Alfred Sohn-Rethel in Italien: 1924 – 1927 59

Anmerkungen 77

Editorische Notiz 81

Capri – Positano – Neapel. Eine Literaturauswahl 85

Eine Verkehrsstockung in der Via Chiaia

Es hatte zwingende topographische Gründe, warum die Via Chiaia in Neapel die Straße mit dem angespanntesten Verkehr war, die Straße mit der größten Empfindlichkeit für Verkehrsstockungen. Sie verlief durch ein enges Tal zwischen zwei Hügeln und es gab deshalb keine Umgehungsstraßen für diesen einzigen Durchgang vom Stadtzentrum, der Piazza del Municipio und der Via Roma, dem ›Toledo‹ vergangener Tage, zum expansiven, als Träger des Fremdenverkehrs gedachten Westteil Neapels mit dem Corso del Mare, der Mergellina und der Piedigrotta bis nach Pozzuoli hinaus. Die Beengung der Chiaia war schon von ihren zu schmalen Bürgersteigen ablesbar.

Und in dieser Straße begab sich die dramatische Verkehrsstockung, von der ich Ende Juni 1926 Zeuge wurde. Die Ursache war ein Eselsgefährt, das man Nordeuropäern und sogar Norditalienern mit einiger Ausführlichkeit beschreiben muß, um es überhaupt als ernstgemeintes Gefährt glaubhaft zu machen. Es bestand aus dem rohen Minimalexemplar einer Kiste, die auf zwei Rädern montiert war und die ein rustikaler Fahrer vollständig ausfüllte. Der war von solcher Korpulenz, daß die Knöpfe seines schwarzen Rocks mit Draht angenäht sein mußten, um alles zusammenhalten zu können. Seine Arme standen vor Beleibtheit fast waagerecht vom Körper ab. In der rechten Hand hielt er eine freilich so unzulängliche Peitsche, daß sie nicht zu ernsthaftem Gebrauch gemeint schien und den Esel nur geringfügig bedrohte. Der Fahrer war in seinem Kasten derart zwingend eingeklemmt, daß ein Aussteigen daraus unmöglich schien und am Ziel der Fahrt nur Auskippen hätte helfen können, ihn von seinem Gefährt zu trennen.

Vor die ›Carrozza‹ war die Zwerggestalt eines Eselchens gespannt, wie es sich als Kinderspielzeug besonderer Beliebtheit erfreute. Hellgrau in der Farbe war es ebenso dickbäuchig wie klein, an Größe einen Bernhardiner nur um zwei oder drei Handbreit überragend, auf kurzen stämmigen Beinen stehend, mit dichtem wolligen Fell bedeckt und nicht umsonst mit einem ungeheuer übertrieben dicken Kopf versehen – sozusagen als Symbolfigur des Eigensinns, wenn im Widerstand gegen seinen Besitzer. Ein Anblick zum Verlieben, von dem ich mich gar nicht trennen konnte.

Und dieser Esel stand, er stand stockstill, so definitiv und so allseitig, wie ein eigensinniger Esel nur stillstehen konnte. Er weigerte sich offensichtlich, auch nur einen weiteren Schritt zu tun, trotz riesiger Gestikulationen und Flüche und trotz der drohenden Peitsche, die sein Herr über ihm schwang. Freilich hätte ich kaum geglaubt, daß der übrige Verkehr an diesem Minimalgefährt hätte hängenbleiben können. Aber das erwies sich als Irrtum und in wenigen Minuten war ein unsortierbares und unentwirrbares Knäuel von Fahrzeugen an diesem Punkt der Chiaia entstanden. Der Verkehr stockte so vollständig still, daß er sich bereits in der Siedehitze befand, in die er in einer an Vesuvausbrüche gewohnten Stadt geraten mußte. Das Dröhnen der vereinten Autohupen wurde noch durch das hysterische Türenschlagen zur Überhöhung gebracht. Der Stockungsursprung wurde von einer wachsenden Menschenmenge umringt und fast hätte man sagen können, der Verkehr stockte mit Genuß.

Aber so vielseitig die Erzeugung dieses Getöses die betroffenen Fahrer auch zu beschäftigen schien, so bewiesen sie doch in bemerkenswerter Zahl und in bemerkenswerter Weise ihr Interesse an dem störrischen ›Somarello‹ der die Schuld an der ganzen Aufregung trug. Trotz der fieberhaften Krise blieben die Leute mit dem Eselchen verknüpft und kamen aus ihren Wagen über die Straße mit Händen voll Heu, Petersilie, Brennesseln und sogar Blumen, die sie dem Tier an Mund und Nase brachten und so eine intime Kenntnis von dessen Ernährung und kompetenter Betreuung bewiesen. Es war, als ob sie das Grünzeug in ihren Autos gezogen hätten. Auf den ›Ciuccio‹ selbst schienen all diese Attraktionen und Luxuren ohne Wirkung zu bleiben. Er bewegte sich keinen Schritt vor oder zurück, aber die Bemühungen der Neapolitaner illustrierten, daß sie von ihrer früheren ländlichen Existenz natürlich distanziert, aber deswegen noch längst nicht vollständig verstädtert waren, sondern in ihrer Stadt wie in einem riesigen Dorf zusammenlebten – wenigstens noch in den zwanziger Jahren.

Der agrarische Untergrund der Stadt drückte sich auch in der ungewöhnlichen Tierhaltung aus. Ich wollte einmal jemanden in der Universität von Neapel aufsuchen, die eine der ältesten Italiens ist. Ich stieg also in das Philosophische Seminar hinauf. Die Türen waren alle offen, aber es war niemand zu finden. Ich rief, aber es kam keine Antwort. Ich ging von Raum zu Raum, das einzige Geräusch war schließlich Hühnergegacker. Ich ging dem nach und fand in einem Papierkorb ein Huhn leben. Ich ging weiter und fand dasselbe in anderen Papierkörben und mußte wirklich bewundern, wie geeignet diese Papierkörbe als Behausung für Hühner waren. Oder die Ziegen! Sie spielten eine große Rolle, um die Kassen in den Läden zu bewachen, während die Inhaber sich mittags zum Essen begaben. Ziegen sind sehr wachsame Tiere und haben eine laute, durchdringende Stimme, kein Dieb wäre dem Gemecker entkommen.

Die eigentümlichste Tierhaltung fand ich allerdings an der Porta Capuana, einem der ursprünglichsten neapolitanischen Viertel. Dort gab es Häuser, in denen die Leute sich Kühe bis in den vierten und fünften Stock hinauf hielten. Die Tiere gelangten als Kälber auf den Armen getragen in die oberen Stockwerke. Dort verlernten sie bald das Stehen und ihre Hufe verunstalteten sich zu großen Fingernägeln. Ihre Versorgung geschah mittels handlicher Körbe, die zwischen der Haustür und den Fenstern oben an Leinen hinauf und herunter befördert wurden – hinauf zur Ernährung und herunter zur Entleerung. All dies geschah zur vermeintlichen Sicherung vor Tuberkulose. Die Neapolitaner tranken keine Milch, die in Flaschen war, die Milch mußte unmittelbar vor ihren Augen gemolken werden. So brach in anderen Teilen der Stadt der Tag mit dem Muhen der Kuhherden an. Sie wurden frühmorgens zwischen fünf und sechs Uhr durch die entsprechenden Stadtviertel getrieben und lösten sich auf, indem jede Kuh sich zu einer bestimmten Haus- oder Wohnungstür begab, um sich melken zu lassen.

Man fragte sich natürlich, wo diese Kühe bestallt waren. Sie waren tagsüber im Souterrain der Kirchen untergebracht und trugen mit ihrem Blöken zum Gottesdienst bei, der sowieso durch seine Verschiedenheit vom mittel- oder nordeuropäischen Gottesdienst beeindruckend war. Die Messe war ja keine so ernste Angelegenheit. Da ging es vor allem um die Sammlung der Soldi, der Kupfermünzen. Der ordinierende Priester las in seinem Kirchenlatein aus dem Brevier und inzwischen ging die Sammlung vor sich. Die Kupfermünzen wurden dem Priester gebracht, der einen ganz engen Talar anhatte mit unendlich tiefen Taschen, die bis auf den Boden reichten. Der Priester schüttete die Soldi immer mit furchtbarem Geklirre in eine der Taschen. Nun wußte er aber natürlich noch nicht, wieviel das war. Deshalb holte er also mit der einen Hand die Münzen wieder herauf, zählte sie in die andere Hand während er predigte und ließ sie dann mit dem entsprechenden Eklat in die Tasche auf der anderen Seite fallen. Unten in der Kirche, im Parterre sozusagen, wurde alles gemacht. Es gab nichts, was da nicht geschah. Für die armen Mütter der Stadt, die keine Wohnungen hatten, waren die Gottesdienste die gegebene Gelegenheit, ihre Kinder zu stillen und zu wickeln. Und dazu muhten die Kühe. Das war vollkommen harmonisch, das gehörte dazu. Davon waren Verkehrsstockungen auf dem Straßenniveau der Stadt natürlich unberührt.

[So wie einerseits das Alltagsleben in den Kirchen Platz hatte, war andererseits die Heiligenverehrung über die ganze Stadt verbreitet.] Jede Straße hatte ihren Heiligen und am Tag dieses Heiligen waren dort die Läden geschlossen, die Leute feierten und die Heiligenbilder erstrahlten in einem unwahrscheinlichen Glanz. Sie waren mit Papiergirlanden und allem möglichen Prunk geschmückt und boten die einzige wirklich gloriose Demonstration von Elektrizität in Neapel, denn für die Lichter um die Heiligenbilder war merkwürdigerweise immer Strom vorhanden.

Die Stadt war ein Labyrinth von kleinen Gassen, die zum Teil so eng waren, daß man mit ausgespannten Händen beide Häuserwände berühren konnte. Von einem Haus zum anderen hing die bunte Wäsche gleich Fahnen, und die Rufpost der Wünsche gab dem Leben dort seine spezifische Klangstärke. In die Tiefe dieser Gassen drang kaum Licht, und wenn man durch die Eingänge in die Wohnung hineinsah, konnte man merkwürdige Dinge erblicken. Man sah künstliche Paradiesszenen unter Glas mit Heiligen, mit Pflanzen und Eseln, beleuchtet von Lichtern, die ganz vorsichtig und kunstvoll angebracht waren. Am Tage konnte man die Leute Spaghetti essen sehen, zum Teil mit den Händen. Das geht außerordentlich kunstvoll vor sich und ist überhaupt nicht leicht. Man muß mit den Händen in die Schüssel greifen und die Spaghetti herausziehen und braucht dann sehr lange Arme, damit man sie von oben in den Mund hineinbekommt. Nachts war es im Sommer in den Häusern unerträglich heiß. Die Betten standen dann draußen und die Leute schliefen in den Gassen, wo auch die Esel und die Ziegen schliefen, so daß man gar nicht mehr durch diese Gassen gehen konnte.

Wenn im Monat August zur Zeit des ›Solleone‹ die brütende Hitze auf Neapel lastete, gab es keinen glücklicheren und erholsameren Ort als die Eisenbahnschächte der Spezialbahn zwischen Rom und Neapel, die in der Tiefe des Vomero ausgehoben worden waren. Die Grüfte und Gewölbe waren himmlisch kühl, mit Wasser, das die Felswände heruntersickerte, und dort erging sich die Jugend und auch ein Teil der Erwachsenen jauchzend in Jubelschreien und Gesängen voll verliebter Begeisterung über das hallende Echo, das aus dem Berg kam. Wie war es möglich, daß Eisenbahnschächte ein so freudiger Ort waren? Nun, es ist leicht zu erraten: Weil durch die Schächte keine Eisenbahnen fuhren, da das geplante Transportmittel aus unergründlichen Ursachen nicht funktionierte, obwohl die Schächte schon fast 10 Jahre bestanden. Die Spezialbahn, die mit Nationalstolz geplant worden war und die vielleicht die schnellste in ganz Europa hätte werden können, war Teil des idealen neapolitanischen Glücksarsenals des Kaputten.

Welches Verhältnis die Neapolitaner zu solchen technischen Wunderwerken wie Eisenbahnen haben, konnte ich erfahren, als ich einmal in Castellammare war, dem Kriegshafen von Neapel. Ich wollte mit der Bahn nach Neapel zurück und fragte den Stationsvorsteher, wo der Bahnsteig sei und wann die Eisenbahn nun abgehen würde. Das wußte er nicht. Da sah ich weiter hinten eine Bahn stehen und fragte: »Ist sie das?« »Nein – ich weiß nicht.« Ich ging hin – und sie war es. Aber sie fuhr noch nicht. Da traf ich ihn wieder und sagte: »Das ist sie aber doch!« Darauf er: »Ja, was ist, wenn diese Dinge von selber gehen? Wie soll man wissen, wohin sie gehen und wann sie gehen?«

[Vor allem Motoren jeglicher Art füllen das Glücksarsenal des Kaputten.] So war ich einmal mit einem Motorboot unterwegs, das die Fremden im Golf von Neapel herumfuhr und von einem großartig eleganten Mann gesteuert wurde. Der Motor macht ein ganz eigentümliches Geräusch, und Leute, die irgendwie mit Motoren bekannt waren, hatten ungemütliche Gefühle dabei. Tatsächlich wurde der Motor immer heißer und heißer, je länger wir fuhren. Schließlich war er wohl heiß genug, denn der Steuermann zog unter seinem Tisch eine Cafeteria heraus, stellte sie auf den Motor und bediente bald darauf die ganze Reisegesellschaft mit Kaffee.

Ein anderes Mal habe ich in einer Milchbar einen Mann gesehen, der ungeheuer stolz darauf war, daß er den Motor eines alten zerfallenen Motorrads wieder in Gang gesetzt hatte. An der Nabe hatte er exzentrisch eine lange Gabel angebracht, mit der er die Schlagsahne schlug. Er stand hinter seiner Theke, als ob er die Elemente des Universums beherrschte.

Die Stadt lebte ja unter dem Vesuv, war also in ihrer Existenz fortwährend bedroht. Infolgedessen hatte sie auch an dem üblichen technischen und ökonomischen Fortschritt Europas nur stockend teilgenommen – weil man ja nie wußte, ob das Jahr ohne Katastrophe vorübergehen würde. So habe ich damals in Neapel an einer

Straße noch eine regelrechte Manufaktur vorgefunden, wie sie im 17. Jahrhundert üblich war und wie sie Karl Marx beschreibt. In einem Straßendurchgang von etwa 100 Meter Länge war in dem Winkel eines Knicks ein großes Feuer, ein offener Schmelzofen, in dem Kupfer geschmiedet wurde. Das Gemäuer, an das der Ofen angelehnt war, hatte vom Feuer eine scharfe gelbrote Färbung mit schwarzen Rändern angenommen und sah unwahrscheinlich eindrucksvoll aus. Das Kupfer wurde zu Blech gewalzt, in noch schmiedbarem Zustand auf die andere Straßenseite gebracht und an den ersten in einer langen Reihe von Arbeitern gegeben, die, mit den Füßen in der Gosse, einer nach dem anderen auf dem Bürgersteig saßen. Der erste schnitt das Kupferblech, der zweite gab ihm die Form, der dritte formte es weiter. So ging das die ganze Straße entlang und am Ende häufte sich das Kupfergeschirr auf und wurde verkauft! – eine Manufaktur ohne ein einziges Stück Maschinerie, lediglich mit Hämmern, Zangen, Schneiden, Feilen und derartigen Dingen und dem Rohmaterial, das aus dem Schmelzofen kam.

Neapel war also keine Welt im Aufbruch, sondern eine sehr alt verwurzelte Welt, mit Wurzeln, die tatsächlich noch bis in die Feudalität zurückgeführt werden konnten. Auch die Camorra stammt aus der Feudalzeit. Die *Onorata Società dei Camorristi*, die wie die Mafia auf Sizilien eine Verbrechergesellschaft ist, hat schon lange vor der bürgerlichen Gerichtsbarkeit selbst die Gerechtigkeit ausgeübt. Es gab in den zwanziger Jahren in Kalabrien noch Verbände, die mit der Camorra zusammenhingen. Diese besetzten die Pässe, und wenn Reisende über die Gebirge zogen, mußten sie gewärtigen, daß sie angehalten wurden und man ihnen das Geld abnahm. Das wurde dann auf Kosten der Reichen unter die Armen verteilt, wie es der allgemeinen Gerechtigkeit entsprach. In Neapel selbst waren die Camorristi, die die eigentliche innere Verwaltung der Stadt bildeten, zwar immer noch Mitglieder einer *Onorata Società*, aber die alten feudalen Begriffe waren natürlich längst ins gemeine Verbrechertum übersetzt worden. Zudem bekämpften sich die verschiedenen Gruppen der Camorra untereinander auf Leben und Tod, und die ganze Stadt war in verschiedene Lager aufgeteilt.

Den untersten Rang der Camorra stellten die Scugnizzi dar. Das sind Kinder, die keine bürgerliche Existenz hatten: keine Wohnungen, keine Eltern. Sie hießen in Neapel *I parenti di San Gennaro.* San Gennaro ist der Heilige, dem ganz Neapel seine Fortexistenz verdankt und der alljährlich die Flüssigwerdung des Märtyrerblutes betreibt. Manchmal auch ohne Erfolg. So war angeblich 1798, als das Heer Napoleons nach Italien vordrang, das Wunder des San Gennaro nicht geglückt.

Die Scugnizzi rotteten sich zu gemeinsamen Unternehmungen zusammen, zu Diebeszügen, die man *Far Paranza* nannte. Das ist ein Ausdruck aus der Fischersprache. Im neapolitanischen Meerbusen wurde Lichtfischerei betrieben. In der Mitte lag ein Boot mit starkem Licht, das die Fische aus der Tiefe anzog, und um dieses Lichtboot lagen die anderen Boote in der Dunkelheit und warfen sich das Netz zu. Dann wurde das Netz mit der Beute herausgezogen – das hieß ›Far Paranza‹.

Die Scugnizzi lebten ein fantastisches Leben. Sie schlossen – natürlich illegal – sogar regelrechte Ehen.

Schon mit 11 oder 12 Jahren lebten Jungen und Mädchen zusammen. Die Ehe war geschlossen, wenn das Mädchen von dem Jungen eine rote Blume annahm – dann gehörte sie ihm. Wenn zwei Jungen um dasselbe Mädchen warben, gab es die eigentümliche Sitte des *Cantar le Frunde del Limone*. Sie bestand darin, daß die Rivalen um die Gunst eines Mädchens in einer Mondnacht vor dessen Fenster zogen und mit Mandolinen einen Wettkampf ausführten, indem sie sangen, und zwar nicht etwa vorgegebene Lieder, sondern selbst erfundene, improvisierte. Derjenige gewann, der länger singen konnte als der andere. Und wie der Geschmack die erstaunlichsten Stadien durchmacht, wenn man ein junges Zitronenblatt zerkaut, so durchläuft die Seele beim Singen alle Stadien der Emotionen.

[Die Scugnizzi führen uns wieder zurück zu dem Eselchen in der Via Chiaia, das sich auch in der Zwischenzeit keinen Schritt bewegt hatte.] Ein Scugnizzo nämlich drängte sich durch das Knäuel von Menschen, das sich um den Esel herum verknotet hatte, und mit großem Geschick und völliger Unauffälligkeit bekam er den Esel am Zaum zu greifen und versetzte ihm ganz zart und sacht einen Tritt unter den Bauch. Darauf ging der Schwanz des Esels steil nach oben und blieb stehen, und es ertönte ein langgezogenes Pffft. Das Tier entleerte sich, wobei sich der Mann, dem das Gefährt gehörte, vergeblich gegen den Geruch wehrte – er saß ja mittendrin. Der Esel wurde immer schmaler und schrumpfte allmählich auf seinen natürlichen Umfang, iahte fürchterlich und trottete weiter.

Das war die Verkehrsstockung in der Via Chiaia in Neapel.

Vesuvbesteigung 1926

An einem Septembertag des Jahres 1926 machte ich mich in Begleitung von Ludwig Hardt, damals ein bekannter Rezitator, auf den Weg von Positano zu einer Besteigung des Vesuvs. Obwohl schon im dritten Jahr meines Aufenthaltes in Italien, hatte ich nie genug Geld gehabt, mir die ersehnte Exkursion zu leisten. Hardt lud mich nun dazu ein. Es sollte ein Aufstieg von der pompejanischen Seite aus sein, wo einem keine Funicolare und sonstige Technik in den Weg kam, bei Nacht, im Vollmond, wie er gerade bevorstand, und zu Pferde, von Bosco tre Case aus, einem Ort oberhalb von Torre Annunziata mit nur wenigen Häusern damals, darunter einem Gasthof, wo man für einen solchen Aufstieg die nötigen Pferde bekommen und Führer finden konnte.

Nach Torre Annunziata gelangten wir großenteils zu Fuß. Es war schon dunkel und wir waren müde und erschöpft, als wir den Gasthof erreichten. Der Wirt aber erklärte uns, er könne uns nicht aufnehmen, alles sei besetzt. Das war ein Schlag. Nach heftigem Palaver ließ man sich dann schließlich doch herbei, aus dem Keller zwei ungenutzte Matratzen heraufzuschaffen, und legte sie für uns in einen leeren Raum. Hardt warf sich in seiner Müdigkeit ohne Zögern auf eine der beiden und war anscheinend schon in der Bewegung eingeschlafen. Ich brauchte ein wenig länger, gerade genug, in der Matratze ein leises Knistern wahrzunehmen: Wanzen! Hunderte! In Panik sprang ich auf. Hardt schnarchte und rührte sich nicht. Ich ließ ihn schlafen und flüchtete auf die Terrasse. Es war eine Nacht von traumhafter Schönheit, die jede Müdigkeit nahm. Das starke Licht des Vollmondes war gebrochen durch einen Nebelschleier, der sich vom Boden erhob und eine wohltuende Kühle verbreitete und geisternde Stille. Im Silberschein lag der Garten, standen seine Bäume, Karuben, Feigenbäume, zum Verwechseln ähnlich den großen Rizinusstauden ... Die Terrasse lag nach Süden, abgewandt vom Vesuv, und ich blickte auf die Bergkette, die sich von der sorrentinischen Halbinsel landeinwärts erstreckt und zu einer Höhe von über 1400 m erhebt. Sie war von unten in tiefes Dunkel gehüllt, über ihren Gipfeln stand beherrschend der Mond. Von rechts, von der Stadt Annunziata her und unter ihr vom Meerbusen und seinen Lichtfischern, kamen Bruchstücke leisen Gesangs bis zu mir herauf ...

So war es durchaus nicht gähnenden Mutes, daß ich meinen Begleiter um zwei Uhr aus dem Schlaf rütteln ging. Auf meine Frage nach seiner Nachtruhe antwortete er – »ausgezeichnet!« und ich war's zufrieden, daß er die Gegenfrage unterließ. Als wir auf die Straße traten, fanden wir unseren Guida mit drei Pferden schon auf uns warten.

Im Dorf, das wir durchritten – alles im Schritt, versteht sich – hatte die Lava, woraus der Boden zum größten Teil bestand, das Zerfallsstadium des Humus erreicht und damit die fabulöse Fruchtbarkeit erlangt, um derentwillen Menschen sich an den unteren Abhängen des Vesuvs immer von neuem in ihren weißgetünchten Häuschen ansiedelten, entschlossen, in sorgloser Vergeßlichkeit ein gesegnetes Arbeitsleben zu vollbringen. Streifenweise gab es auch noch steinige Lava, völlig unbebaubar, die, unserem Führer zufolge, erst vor zehn bis zwanzig Jahren aus dem Krater bis hierher geflossen sein mochte. Außer Bosco gab es auf unserem Weg kein weiteres Dorf mehr. Von hier an trat nichts mehr zwischen uns und den Berg. Von unten hinauf und aus der Nähe gesehen ist der Konus dieses Vulkans einfach überwältigend in seiner Größe und Mächtigkeit, in seiner zauberhaften, fast magisch leuchtenden Tönung. Im Grunde ist sie einfach grau, entsprechend der Asche, die die Oberfläche des Berges ringsum bedeckt, aber es ist ein silbrig schimmerndes, gleichwie lebendiges Grau, das der Mondschein noch mit einer feinen rosa Lasur versehen hat; wenigstens wirkte es so gegen das Dunkel des Hintergrundes gesehen. Bei genauem Hinschauen war ein Feuerschein bemerkbar, der dicht über dem Gipfel lag. Noch beachtlicher war ein dumpf grollendes Geräusch, das mit dem kaum spürbaren Wind der Nacht vom Gipfel bis zu uns herunterwehte. Es war wie ein tierischer Atem von unvorstellbarer Kraft und Furchtbarkeit.

Übrigens erinnere ich mich nicht, daß auf unserem ganzen weiteren Weg ein Wort zwischen unserem Führer und uns, ja kaum zwischen uns selbst gewechselt worden wäre. Die Macht und Magie der Natur aufzunehmen, war alles, wozu ich mich fähig fühlte nach den Eindrücken der Nacht auf der Terrasse.

Der Weg ging zunächst nur sehr wenig aufwärts und von der Küste mehr dem Landesinnern zu. Unten am Fuße des Vesuvs gab es noch Bäume. Das heißt, so kann man es nicht sagen. Es gab, landeinwärts blickend, einzeln stehende hochgewachsene Pinien in weitem Abstand voneinander, gleich wolkentragenden Säulen, über die sich hoch der monddurchleuchtete Himmel erhob. Sonst war das Tal soweit das Auge reichte leer, bar aller Zeichen von Landbestellung und -bewohnung. Nur diese Pinien standen über seine Weite verteilt. Sie gaben dem Raumganzen seine italienische Form. Jetzt tauchten wir sehr bald in ein dichtes Unterholz von blühendem Ginster, der so hochgewachsen war, daß die mächtigen Zweige über den Pferden und Reitern zusammenschlugen. Ein Äther des wunderbaren Duftes erfüllte in fast betäubender Stärke die Luft, und wir hatten uns zu wehren, daß die Blütengarben uns nicht ins Gesicht schlugen. Der Weg war nur ein Sandpfad, stellenweise für nicht mehr als ein Pferd breit und oft tief eingetreten. Daß er nirgends gerade verlief, sondern in endlosen Krümmungen und Windungen sich schlängelte, schien er einem zu Gefallen zu tun. Wo immer er ein Ende erreichte, kam es zu früh. Bald wurde der Anstieg steiler, und wir kamen wieder aus dem Gesträuch auf den offenen Hang hinauf, auf einem überraschend höheren Stand, als der Ritt durch den Ginsterwald es hätte vermuten lassen.

Für die Pferde wurde es langsam schwerer, da der lose Aschengrund des Weges sie um die Länge jedes Schritts betrog. Das Land blieb unter uns zurück, wir schienen nur von Himmel umgeben, dem Himmel über uns, den Sternbildern der Lichter der Dörfer unter uns und dem Meerbusen, auf dem die Boote der Lichtfischer sich kaum merklich bewegten. In dieser Landschaft entdeckte ich in einiger Distanz nach rechts, den landeinwärts gelegenen Dörfern zu, eine Gruppe von Menschen, etwa zwanzig an der Zahl, im Mondlicht nicht präzis unterscheidbar, zu zweien hintereinander geordnet, in vollständigem Schweigen zu Fuß den Hang ersteigen, die Beine dick umwickelt gegen die zerfetzende Schärfe der Asche, in ihrer Mühsal bei jedem Schritt vorwärts zurückrutschend. Mir schienen sie wie die Verdammten aus Dantes Hölle.

Auch wir mußten die letzten fünfzig Meter zu Fuß bewältigen. Die Pferde konnten oder durften nicht weiter gehen. Der Aufstieg war zu steil, die Asche zu lose und zu scharf, und die vulkanische Aktivität zu vernehmlich und bedrohlich für die Tiere. Uns wurden diese letzten fünfzig Meter recht beschwerlich. Jeder Schritt schmerzte an den Füßen. Es fiel auch in Schüben Asche auf uns nieder, feine und grobe, aber ich konnte nicht ausmachen, wie heiß sie noch war.

Aber nun, von einem Schritt zum andern, blickte man über den Rand der Felsenumwallung hinweg und hatte den ungeheuerlichen Anblick des Kraters vor Augen. Dieser Anblick war aber nicht das Stärkste, nicht das unmittelbar Zermalmende des ersten Eindrucks. Es war der Klang, der in dem Krater tönte wie Berge von flüssigem Metall, die in unfaßbarer Tiefe gegeneinander schlugen. Die Jahrmillionen vor aller Regung von Leben auf unserem Stern waren in diesem Klang zugegen, gegenwärtig geworden im Ohr, das ihn vernahm. Mir schlug's ins Gedärm, und ich mußte mich hinter einen Felsblock kauern. Empedokles kam mir in den Sinn, der der Überlieferung nach durch den Sturz in den Ätna-Krater seinen Opfertod begangen haben soll. Eine unvollziehbare Vorstellung, die die Annullierung allen Lebens bis in unsere organische Materie in sich schloß. Als ich wieder hochkam, fand ich meinen Begleiter noch in derselben reglosen Stellung auf den Krater starrend und immer wieder »Fürchterlich!« vor sich hinmurmelnd. Von diesem Anblick konnte man in der Tat gebannt sein, aber ich fand ihn eher bedrückend schön. Um den Krater geschichtet befand sich ein mathematisch genauer Kegel von absoluter, alles Licht in sich verschluckender Schwärze, durchaus nicht sehr groß, etwa drei Meter hoch und steil in der Form. Aus ihm stieg die flüssige Lava in feuriger Helligkeit hervor, in unregelmäßigen, aber ziemlich dicht aufeinander folgenden Stößen, mit einer Art fauchenden Schnaubens aus dem Innern hervorquellend. Sie zerplatzte und zerstob in einem Feuerwerk von Funken, die als ein fast stetiger Regen von glitzernden, in sich zerspringenden Diamanten den samtschwarzen Kegel hinunterrieselten. Schöner, so schien mir, hätte man es sich gar nicht ausdenken können. Die Öffnung des Kraters an der Kegelspitze war eng, dem Strom der Lava einen hinderlichen Ausgang bereitend. Der Vorgang enthüllte den sich anbahnenden Prozeß. Der Vesuv stand sozusagen kurz vor seiner Periode, die mit beinahe zuverlässiger Regelmäßigkeit alle drei Monate eintrat. So lange dauerte es immer, bis der Lavastrom sich aus der niederfallenden Asche den Kraterkegel aufgeworfen hatte und sich damit selbst seinen Ausgang zu verstopfen drohte. Wenn dieses Stadium knapp bevorstand, bedurfte es eines Ausbruchs, der den Aschenkegel aus dem Weg schleuderte, und sogleich begann der Vulkan, sich einen neuen anzulegen. Der Tag, an dem wir oben waren, war einer der letzten, wenn nicht der letzte der laufenden Periode, an dem noch Besucher zugelassen wurden. Denn, war der Ausbruch fällig, wurde der öffentliche Zugang gesperrt, weil die Heftigkeit des Ausbruchs sich nie mit Sicherheit vorauswissen ließ. Jedenfalls sind das die Gefahrenpunkte im regelmäßigen Verlaufsrhythmus des Vulkans, von schweren Ausbrüchen nicht zu sprechen. Die Lava, die sich zum üblichen Zeitpunkt ergießt, fließt auch nicht den Berg hinab, sondern verbleibt in einem breiteren, etwa fünfzig Meter weiten Becken, das eine Art von äußerem Krater bildet und von einem zackigen Felsenkamm des Gebirges eingefaßt ist. Dieser äußere Krater lag jetzt in tiefem Schatten, und was er barg, ließ sich vorerst nicht erkennen.*)

Schuld an der Undurchdringlichkeit seines Dunkels war der Feuerstrom, in dem die Lava aus dem effektiven oder zentralen Krater sich in den Himmel

*) Ich muß übrigens anmerken, daß die von mir hier gegebene Beschreibung der Gipfelstruktur mit der heutigen Beschaffenheit keine Ähnlichkeit besitzt. Die damalige Struktur, die mir als die klassische und quasi naturgemäße erschien, ist von den seither geschehenen großen Ausbrüchen gänzlich umgestaltet worden.

erhob und von dem wir schon weit unten am Berg den Widerschein gewahrt hatten. Denn der Himmelsflug dieses Feuerscheins war keineswegs nach Art einer Säule. Vielmehr wand er sich in weiten, ausladenden Bögen und üppig schweifenden Windungen spiralförmig aufwärts, unten noch leuchtend rot, dann abklingend zu Fleischtönen und schließlich in kühlem Rosa sich in die Höhe des Himmels verlierend. Die Schwingungen dieser Spirale des Feuerscheins ließen aber doch Durchblicke in den offenen Himmel zu, der im komplementären Kontrast dazu in klarem tiefem Blau erschien, wie Lapislazuli übersät mit strahlenden goldenen Sternen, die wie aufgestickt aussahen. Dagegen erhoben sich in kühlem, grünsilbrigem Glanz die mondbeschienenen Zacken in der unregelmäßigen Felsumrandung des äußeren Kraters. Von der überwältigenden Schönheit dieser astronomischen Landschaft, die nur die ausgeglühten Farben der Edelsteine zu kennen schien, konnte ich mich lange nicht losreißen. Freund Hardt hatte ich aus den Augen verloren. Als er nach längerer Zeit zu diesem Platz zurückfand, regte ich an, ob wir nicht am Kamm entlang in Richtung auf Neapel zu um den Berg herumgehen sollten. Das war nicht ganz mühelos möglich, aber als das Lichtermeer der Großstadt und ihrer Ausläufer den Golf entlang und nach Norden und Osten sich in der Tiefe unter uns ausbreitete, war der Eindruck unabweisbar – und ich glaube, ich sprach ihn aus – von einem Diamantenschmuck von unendlicher Filigranarbeit, der dem Ungeheuer des Berges als Riesenkitsch um den Hals gelegt war. Wir waren beide froh, daß wir zur Dunkelheit des Vulkans, wo wir gewesen waren, zurückfinden konnten.

Dort angelangt, bemächtigte sich meiner eine unheimliche Beobachtung. Ich merkte plötzlich, daß sich die Struktur des Raumes veränderte. Zwischen dem Himmel oben und dem Himmel unten war etwas im Entstehen, das sich zunächst nicht fassen und beschreiben ließ. Nach einigem Warten schien sich eine Scheidung zwischen oben und unten zu vollziehen, als ob eine neue Materie im Entstehen begriffen wäre, die sich in ungebrochener Horizontale nach allen Seiten dehnte. Endlich wurde ich gewahr, daß die Nacht im Schwinden war und daß eine Wand von Morgennebel durch die gesamte Weite des Raumes sich erstreckte. Und nun verfärbte sich auch langsam von den Abruzzen her der östliche Himmel. Die Nebelbank wurde so dicht, daß sich durch sie nichts mehr von dem unteren Raum sehen ließ. Dagegen ragte in weiter Ferne die scharfe Silhouette des Gran Sasso d'Italia über der Nebelbank heraus, wie auf einer endlosen Meeresfläche schwimmend. Der Krater zu meinen Füßen spie sein Feuer nicht mehr als pure Glut, sondern vermischt mit schwarzem, rauchigem Qualm. Der Vesuv verlor seine allbeherrschende nächtliche Macht und erhielt äußere Kontur und Begrenzung auferlegt, wurde zur Erscheinung inmitten anderer. Die Verwandlung nahm ihren unhemmbaren Lauf. Das Tageslicht gewann seinen wachen, rotgoldenen Schein, und nun stieg die Sonne über dem Nebelhorizont herauf. In diesem Augenblick brach um uns her von den Firsten der Felsenkante ein anhaltender Jubelschrei aus: »Il sole! Il sole!« – zu meiner vollkommenen Überraschung, denn ich hatte mir die Möglichkeit von Scharen von Bewohnern aus den umliegenden Dörfern hier oben nie in den Kopf kommen lassen, obgleich ich doch selbst eine Gruppe von ihnen auf ihrem mühevollen Aufstieg gesehen hatte. Ich muß sagen, daß diese jubelnde Begrüßung der Sonne in ihrem Triumph über den Vesuv mein Erstaunen wert schien. Sie hatte eine Qualität von antikem Opferkult, und die Sonne selbst, wie sie ihre Bahn zog mit nichts Beigeordnetem vergleichbar, machte die griechische Hymnik von dem dröhnenden Wagen des Phöbus Apollo vorstellbar. Die Sicht allein war in der Tat ungenügend, ihrer Einzigartigkeit gerecht zu werden. Bald wurde auch die Wärme ihrer Strahlen fühlbar. Die Dinge um uns waren nun in Bewegung gekommen, doch ehe wir uns dem Abstieg zuwandten, nahm der Vulkan noch einmal unser ganzes Interesse. Das Feuer der ausbrechenden Lava war durch den Wirbel der schwarzen Rauchwolken aus dem inneren Krater kaum mehr zu sehen, dafür lag aber nun der äußere Krater und das, was er enthielt, im hellen Tageslicht. Und der bot einen auf den ersten Blick unglaubhaften und revoltierenden Anblick. Gewiß, er fungierte als Auffangbecken für die aus dem inneren Krater überquellende Lava, ließ sie in verschiedenen Formen austreten und so erkalten. Wer hätte sich daraus aber das höllische Gekröse erwartet, das hier zutage lag, und in den Farben, in denen es da lag, Schwefelgelb, Phosphorgrün und Kupferrot – unvermischt, aber ineinander gewunden und verschlungen? Die Lava war in den Formen von Gliedmaßen erstarrt, von Schlangen in allen Größen und Windungen, von Krokodilen und sonstigen glatten, unbehaarten Leibern, wirklich wie Höllengekröse, und dazwischen zwirbelten dünne und weniger dünne Rauchfahnen empor aus kleinen subsidiären Kratern, die unter dem Gemenge verborgen lagen. Von allen

Seltsamkeiten, die der Vulkan uns hatte sehen lassen, war wohl dies die krasseste, und ich brauchte eine ganze Zeit, ihr den Rücken zu kehren. Als wir uns dann aber den Leuten anschlossen und unsere Pferde und unseren Guida wiederfanden, bemerkte ich dort ein wenig Gras, auf das ich den Fuß setzte und das mir das Gefühl des organischen Wachstums wiedergab, das beseligende Gefühl von Rückkehr in die Welt des Lebens, die als besonntes Panorama vor uns lag.

QVESTA CROCE
FV FONDATA NEL COLERA DEL
DA
RESTAVRATA NEL COLERA DEL
DA

Das Ideal des Kaputten

Über neapolitanische Technik

Technische Vorrichtungen sind in Neapel grundsätzlich kaputt: nur ausnahmsweise und dank einem befremdlichen Zufall kommt auch Intaktes vor. Mit der Zeit gewinnt man den Eindruck, daß alles schon in kaputtem Zustande hergestellt werde. Wir sprechen hier nicht von den *Türklinken* etwa, welche in Neapel noch zu den mythischen Wesen zählen und nur zu symbolischer Repräsentation an den Türen angebracht sind; das hängt damit zusammen, daß dort die Türen überhaupt bloß dazu da sind, offen zu stehen und, wenn sie von einem Luftzug mal zugeworfen werden, mit entsetztem Kreischen und am ganzen Leibe zitternd wieder aufzugehen. (Neapel mit geschlossenen Türen, das wäre wie Berlin ohne Hausdächer.) Sondern von richtigen maschinellen Einrichtungen und dergleichen Apparaten ist die Rede.

Aber nicht daß diese nun darum, weil sie kaputt sind, etwa nicht funktionieren, sondern beim Neapolitaner fängt das Funktionieren gerade erst da an, wo etwas kaputt ist. Er geht mit einem *Motorboot* aufs offene Meer, sogar bei heftigem Wind, in das wir kaum den Fuß zu setzen wagten. Und es geht zwar niemals, wie es gehen sollte, aber so oder so doch immer gut. Mit unerschütterlicher Selbstverständlichkeit bringt er es, drei Meter von den Klippen, an denen ihn die wilde Brandung zu zerschmettern droht, zum Beispiel fertig, den beschädigten Benzinbehälter, in den das Wasser eingedrungen ist, abzulassen und neu zu füllen, ohne den Motor auszusetzen. Wenn nötig, kocht er gleichzeitig auf der Maschine noch Kaffee. Oder es gelingt ihm in unübertrefflicher Meisterschaft, sein defektes Auto durch das ungeahnte Anbringen eines kleinen Holzstücks, das sich von ungefähr auf der Straße findet, wieder in Gang zu bringen, – allerdings nur, bis es bald und mit Sicherheit wieder kaputt geht. Denn endgültige Reparaturen sind ihm ein Greuel, da verzichtet er schon lieber auf das ganze Auto.

Dabei fällt ihm auch weiter nichts auf. Er würde einen erstaunt angucken, wenn man ihm sagen wollte, daß dieses nicht eigentlich die Art sei, sich eines Motors oder überhaupt der technischen Zweckinstrumente zu bedienen. Er würde sogar energisch widersprechen: für ihn liegt vielmehr das Wesen der Technik im *Funktionieren des Kaputten.* Und in der Behandlung defekter Maschinen ist er allerdings souverän und über alle Technik weit hinaus. In seiner bastelnden, stets geistesgegenwärtigen Geschicklichkeit, mit der er vor einer Gefahr oft grade aus dem Defekt lächerlich einfach den rettenden Vorteil schlägt, hat er in der Tat manches mit dem Amerikaner gemein. Aber es ist bei ihm der höhere Erfindungsreichtum der *Kinder*, und wie die Kinder hat er in allem Glück, und wie den Kindern kommt ihm der Zufall immer zustatten.

Das Intakte dagegen, das sozusagen von selber geht, ist ihm im Grunde unheimlich, denn grade weil es von selber geht, kann man letztlich nie wissen, wie und wohin es gehen wird. Er gerät ja zwar, wenn die Sache bei der Erprobung tatsächlich und sogar ungefähr, wie man es dachte, funktioniert, in eine, meist patriotisch gerichtete, Verzückung – »*Evviva l'Italia!!*« – und ist leicht geneigt, sich und sein Land schon an der Spitze der Zivilisation aller Völker zu sehen. Aber ganz sicher ist er solcher Unwesen nie, und selbst bei der *Eisenbahn* von Castellammare nach Neapel, welche doch im Laufe ihres halben Jahrhunderts allmählich profan geworden sein dürfte, kann man hin und wieder bis zur letzten Minute nicht wissen, wo sie wirklich hinfahren wird. So wenigstens lautete die Philosophie des Bahnhofsvorstehers, die er auf mein Befragen äußerte. Man kann da letztlich nichts machen, das Intakte funktioniert eben, das ist von ihm auch nicht einmal eine besondere Leistung, – *force majeure*, und Gottes Wege sind unerforschlich. Der Verzauberung ist auf alle Fälle damit abgeholfen, daß die Sache kaputt geht. Wo sich das irgend bewerkstelligen läßt, geschieht es deshalb schnell und sogar häufiger, als selbst der vorsichtige Mann es für nötig hält. Das mag wohl mit dem Klima zusammenhängen, jedenfalls schadet es nichts, denn nur so ist daran zu denken, daß die Sache mal wieder funktionieren wird.

Gefährlich könnten dagegen hier Elemente werden, welche, wie die *Elektrizität*, nicht eigentlich kaputt zu machen sind und bei denen auch nicht einwandfrei festzustellen ist, ob sie wirklich von dieser Welt stammen. Dafür aber hält Neapel seinen Ort bereit. Solche unenträtselt spirituale Wesen fließen unbedenklich mit der Glorie der *religiösen* Mächte zusammen, und die festliche Osrambirne verschwistert sich im neapolitanischen Heiligenbild mit der Strahlenkrone der Madonna zur Faszination der ehrfürchtigen Seele. Hingegen wird man schwerlich Kläglicheres finden als die eigentlichen, profanen Nutzanwendungen der Elektrizität in Neapel. Schlechterdings kosmisches Mitleid greift einem ans Herz angesichts der jämmerlichen Glühbirne, welche in todesmatter Trübsal melancholisch an der Decke baumelt, in ihrem hoffnungslosen Ausharren von aller Welt verspottet oder vergessen. Auch ist das unerbittliche Gesetz noch immer unergründet, nach welchem der *Straßenbahn* alle paar Tage der Strom ausgeht; »*la corrente non c'è*« lautet die schlichte Formel für diese Fügung des Himmels. Möglich, daß vielleicht das Telephon recht gut funktionieren würde, wenn da die Nummern nicht ihre eigenen Wege gingen und das amtliche Register oder doch die Auskunftsstellen des Geheimnisses dieser Zahlen teilhaftig wären. Doch wie dem im einzelnen auch sei, das alles gehört in Neapel nicht mehr ins Gebiet bloßer Technik.

Die Technik beginnt vielmehr eigentlich erst da, wo der Mensch sein *Veto* gegen den feindlichen und verschlossenen Automatismus der Maschinenwesen einlegt und selber in ihre Welt einspringt. Dabei erweist er sich allerdings dem Gesetze der Technik um

Spannen überlegen. Denn er eignet sich die Führung der Maschinen nicht so sehr dadurch an, daß er ihre vorschriftsmäßige Handhabung erlernt, als indem er den eigenen Leib darin entdeckt. Zerstört er dazu zwar zunächst die menschenfeindliche falsche Magie intakten maschinellen Funktionierens, so installiert er sich jedoch alsdann souverän in des entlarvten Ungeheuers einfältiger Seele und freut sich des wahrhaft *einverleibten* Besitzes zum unumschränkten Herrentum utopischer Daseins-Allmacht. Auf die technischen Anmaßungen seines leibeigenen Instruments läßt er sich nicht mehr ein, diesen Schein und Trug seiner bloßen Erscheinung hat er mit unbestechlichem Blicke durchschaut; ein Stückchen Holz oder ein Lappen tut's auch. Aber freilich muß sich die Gewalt des Einverleibten im sieghaften Anprall stündlich bewähren. In beängstigender Verve jagt er mit seinem Auto drauf los, und wenn dabei nicht irgend etwas in Trümmer geht, die Straßenmauer oder ein Eselkarren oder die eigene Maschine, so hat die ganze Autofahrerei keinen Sinn gehabt. Ein richtiges Eigentum muß eben auch *geschunden* werden, sonst hat man nichts davon, es muß bis auf den letzten Stumpf gebraucht und ausgekostet, gleichsam vertilgt und aufgefressen werden. Doch ist im ganzen das Verhältnis des Neapolitaners zu seiner Maschine gutmütig, nur etwas brutal; gerade wie zu seinem Esel.

An die vorgeschriebenen Zweckverwendungen in keiner Weise mehr gebunden, erfährt die Technik hier die sonderbarsten Ablenkungen und geht mit ebenso überraschenden wie evidenten Wirksamkeiten in einen ihr völlig *fremden Lebensgrund* ein. Wiewohl es gewiß nicht die Absicht der Osrambirne ist, Madonnen ihre Glorie zu leihen, noch auch ein Radmotor das Licht der Welt dazu erblickte, aus den Zwängen des zerschmetterten Motorrads gelöst mit seinen um eine leicht exzentrische Achse wirbelnden Drehungen in einem Topf die Sahne zu schlagen, leistet die moderne Technik auf solche ungeahnte Weisen den Übungen dieses mit elektrischer Straßenbahn und Telephon seltsam überlebenden 17. Jahrhunderts die ausgezeichnetste Hilfestellung und dient so überall der Freiheit dieses Lebens über sie aufs unfreiwilligste noch zur Folie. Die Mechanismen können hier das zivilisatorische Kontinuum nicht bilden, zu dem sie ausersehen; Neapel dreht ihnen das Gesieht auf den Rücken.

Der modernen Technik geht's hier im ganzen letztlich wie jenem weltverlorenen *Schienenpaar*, welches einsam und verrostet den Monte Santo die Straßen hinunterläuft. Das Feldgeschrei der kühnen Pläne, zu denen es, man weiß nicht wann, hierher verschlagen wurde, ist längst verklungen und vergessen. Mit beispielloser Kraft des Funktionierens aber spritzt es den jubelnden Straßenkindern das Wasser, welches aus irgendeiner verirrten Leitung durch seine Rohre fließt, zu seligem Ergötzen in den Mund, und die ganze Nachbarschaft erfreut sich dieser hochwillkommenen Quelle. So etwa vereinigen sich in dieser Stadt die kompliziertesten Zweckinstrumente der Technik zu einfachster, doch nie erträumter Verrichtung. Zu der unfreiwilligen Stiftung solchen Nutzens sind sie vollendet umgemodelt, zu ihren eigentlichen Zwecken versagen sie konsequent.

Fot.ª Luigi Caisda

Sigurds Ratten

In England gab es von 1941 an als Folge des deutschen U-Boot-Krieges Lebensmittelkarten. Für eine Person wurden beispielsweise zwei Eier wöchentlich ausgegeben. Aber die Verknappungen wurden von der Bevölkerung mit Geduld und Patriotismus ertragen. Ein schwarzer Markt entstand erst gegen Ende des Krieges, als der tatsächliche Spielraum der verfügbaren Reserven wieder wuchs. 1941 und 1942 aber waren die Zuteilungen unverzichtbar; so auch die zwei Eier, die dem Einzelnen zustanden.

Daß sie meinem Freund Sigurd Zienau, damals Student der Physik, später Senior Lecturer dieses Fachs am UCL (University College London), zu der Zeit regelmäßig abhanden kamen, wurde zwar eine Zeitlang eher bewitzelt, blieb aber, auf die Dauer gesehen, für ihn ein empfindlich spürbarer Verlust. Er besorgte die Eier am Samstag und verwahrte sie sorgsam in der Speisekammer seiner Wohnung am Primrose Hill Gardens in Hampstead; am Montagmorgen aber, mitunter am Sonntag schon, waren sie verschwunden. Da die Personen, die für eine Entwendung auch nur von Ferne in Frage kamen, ausgeholt und beobachtet worden waren und unmöglich in Verdacht gehalten werden konnten, wurde das Verschwinden der zwei Eier zu einem Mysterium, das Sigurd auch als Wissenschaftler herausforderte. Er beschloß, der Sache auf den Grund zu gehen und die Eier Tag und Nacht nicht mehr aus den Augen zu lassen.

Er machte sich mit einem Stuhl und einem Tischchen einen bequemen Beobachtungsplatz zurecht, von dem aus er auch den Lichtschalter erreichen konnte. Am Samstagabend wurden die Eier an ihren gewohnten Platz gebracht und lagen im unteren Bord der Speisekammer, übrigens ohne Teller direkt auf dem Holz. Die Speisekammertüre war nicht zuzuschließen, weil sie klemmte, und direkt daneben ging die Treppe zum Keller hinunter, der auch immer offen war, weil er gegebenenfalls als Luftschutzkeller diente. In der Nacht geschah nichts in Sigurds Wacht; auch der Sonntag verlief ereignislos, und Sigurd machte sich daran, die zweite Nacht auf seinem Beobachtungsposten zu verbringen. Etwa um zwei Uhr vernahm er ein leises Geräusch aus dem Keller; kurze Zeit darauf erschienen zwei Ratten auf dem obersten Treppenabsatz. Sie wandten sich nach links und betraten die Speisekammer. Dort trennten sie sich. Die eine von ihnen kletterte geschickt zum untersten Bord hinauf und direkt auf die Eier zu, während die andere unten blieb und sich genau unter der Stelle, wo darüber die Eier lagen, auf den Rücken drehte und so erwartungsvoll verharrte. Die obere aber stieß eines der Eier höchst behutsam auf die Kante des Bordes zu und ließ es hinunterfallen, der unteren Ratte genau auf den Bauch, wo diese es auffing und sorgsam mit Beinen und Füßen festhielt. Darauf kam sie zu ihr hinunter und griff ihren Schwanz mit den Zähnen. So zog sie ihre Gefährtin mit dem Ei auf dem Bauch aus der Speisekammer heraus und mit einiger Mühe bis zum Treppenrand. Von da ging es mit Wendung nach rechts bump bump bump die Treppenstufen hinunter, mit dem Ei immer weich gebettet und ohne daß es zu Schaden kam. Sigurd traute seinen Augen nicht, erhob sich von seinem Sitz und bewegte sich zwei Schritte vor, damit ihm der Abtransport nicht entging. Aber dann nahm er seinen Sitz wieder ein, harrend, was mit dem zweiten Ei geschehen würde. Nach zwei Minuten tauchten die Ratten wieder auf und wiederholten nun ihr Kunststück für das zweite Ei in genau derselben Weise wie für das erste; ob sie dabei in den gleichen Rollen agierten oder sich abwechselten, war für Sigurd natürlich nicht festzustellen. Er war fassungslos über den Akt an sozialer Kooperation, den er zwischen den beiden Ratten mit eigenen Augen beobachtet hatte. Wie war zwischen Tieren eine solche geplante Aktion möglich, mit einem derartigen genauen Einvernehmen? Wie kommunizieren sie miteinander, in was für einer ›Sprache‹? Noch wochenlang war mit Sigurd kaum über etwas Anderes zu reden. Vor purer Bewunderung für ihre Intelligenz ließ er den

Tieren von Zeit zu Zeit eines seiner Eier zum Abholen in der Speisekammer liegen, im Widerspruch zum Gesetzgeber, der damals zur Bewahrung der kostbaren Vorräte der Nation gegen die argen Schädlinge eine systematische Vernichtungsaktion anordnete.

Dudley Zoo

Eine Elefantengeschichte

Dudley Zoo ist die Attraktion der mittelenglischen Stadt Dudley, mit der unser zweiter Bürgermeister Henning Scherf vor einigen Monaten einen Patenschaftsvertrag für Bremen abgeschlossen hat.

Ihr zoologischer Garten ist in der Tat eine Fackel der Freude für die Kinder und Eltern nahezu der ganzen West-Midlands. Er erstreckt sich über einen weiten belaubten Hügel und versucht, soweit seine Ausdehnung es gestattet, dem Vorbild des Hamburger Hagenbeck nachzueifern. Er bildet die versöhnende Zierde der ansonsten, milde gesagt, schmucklosen Stadt, die in dem melancholischen Black Country zwischen Birmingham und Wolverhampton gelegen ist.

Eine befreundete Birminghamer Familie, James und Marjory Croft mit ihrem Sohn Joe und den siebenjährigen Zwillingen Sam und Ruth, brachte eine nicht alltägliche Geschichte von ihrem dortigen Besuch zurück. Schon lange hatten die Kinder darauf gedrängt, den Zoo in Dudley zu besuchen, und nun, da die Familie sich einen fabrikneuen roten Mini zugelegt hatte, war es endlich soweit.

Sie ließen den schmucken Wagen unweit des Haupteingangs zurück und verbrachten, inklusive Picknick, fünf lange Stunden im Zoo. Als sie zur Teezeit die Heimkehr beschlossen und durch das Tor auf die Straßen traten, war der Mini nicht mehr da. Bestürzt schritten sie die Straße ab und konnten keine Erklärung für das Verschwinden des Autos finden, da die Zooverwaltung über den Parkplatz wachte und somit ein Diebstahl ausgeschlossen werden mußte.

Während sie noch ratlos in die Gegend blickten, lief ihnen ein bemützter Zoobeamter entgegen, aufgeregt gestikulierend und dann ein wenig atemlos erklärend: »Wir werden natürlich für alles aufkommen, Sie können wirklich beruhigt sein.« Und noch ein zweiter Beamter kam herbeigeeilt, um die Geschichte zu bezeugen, die sein Kollege meinen Freunden ausführlich erzählen wollte.

Um die Mittagszeit war ein Transport Elefanten, vier oder fünf, die Straße heruntergeführt worden und sollte mit gebührendem Effekt durch das große Eingangstor des Dudley Zoo traben. Eines der Tiere war offenbar ein Zirkuselefant gewesen, denn als es den strahlenden roten Mini bemerkte, trat es aus der Gruppe heraus und ließ sich auf der Haube des kleinen Wagens mit voller Würde und Gewichtigkeit nieder.

Zwar konnten die Aufseher den Elefanten bald dazu überreden, seinem Thron zu entsagen, doch war nicht zu übersehen, in welchem Zustand sich die Haube befand. Die entsetzten Aufseher stellten indessen fest, daß der Motor unbeschädigt geblieben war.

So konnten sie den Wagen, der in seinem grotesken Zustand öffentliches Aufsehen zu erregen begann, an einen dem Publikum nicht zugänglichen Ort schaffen, von wo sie ihn jetzt zurückholten und den Eigentümern übergaben. In wortlosem Entsetzen starrten James und Marjory auf ihren zerknautschten Mini. Für ihre Heimfahrt stand ihnen zur Wahl, entweder auf Kosten der Zooverwaltung ein Taxi zu nehmen oder den eigenen, wenn auch arg verbeulten Wagen zu besteigen. Es entsprach der bescheidenen Gesinnungsart meines Freundes, daß er sich für letzteres entschied.

In all der Aufregung hatte er freilich unberücksichtigt gelassen, daß noch Rushhour war und auf dem Heimweg eine große Verkehrsinsel umkreist werden mußte. Vor dieser gerieten sie denn auch unweigerlich in einen langen Stau und kamen vor einem Bobby zum Stehen.

»Was ist denn mit Ihrem Wagen passiert?« wollte er wissen.

»Ein Elefant hat auf der Haube gesessen«, erklärte ihm mein Freund.

»Was sagen Sie da?«

Mein Freund, der unangenehmen Situation durchaus bewußt, wiederholte:

»Ein Elefant ...«

»Steigen Sie mal aus und kommen Sie bitte mit«, forderte der Polizist. Wohl oder übel folgte ihm mein Freund in die gottseidank nahegelegene Polizeistation, wo seine Geschichte die Beamten an seinem Geisteszustand zweifeln ließ. Dies vor allem deshalb, weil der Alkoholtest negativ ausgefallen war.

Mehrmals stellten die Beamten die gleichen Fragen, offenbar hoffend, mein Freund werde sich verwirren lassen oder widersprüchliche Antworten geben. Als er jedoch auf seiner Geschichte beharrte, fanden sich die Beamten schließlich bereit, die Zooverwaltung anzurufen und sich bestätigen zu lassen, daß sich alles genauso zugetragen, wie es ihnen geschildert worden war.

Es wurde schon dunkel, als mein Freund zu seiner Familie zurückkehren konnte, die in ihrem verbeulten Prachtstück inmitten neugieriger Passanten gewartet hatte.

Auch so kann ein Outing zum Dudley Zoo ausfallen ...

Carl Freytag

Von der »Filosofia del rotto« zur Philosophie als »Burg unserer letzten Rettung«

Alfred Sohn-Rethel in Italien: 1924 – 1927

Der Traum von Arkadien

»Schon jetzt ist der Entfaltung jeder menschlichen Bewegung, mag sie geistigen oder selbst natürlichen Impulsen entspringen, der maßloseste Widerstand der Umwelt angesagt.« Walter Benjamin, von dem diese *Analysis des Zustands von Mitteleuropa* aus dem Jahr 1923 stammt, beklagt den desolaten Zustand der Universitäten ebenso wie die »Automobilkrankheit«, den »Verfall der Kochkunst« und vor allem das gänzliche Schwinden der Wärme aus den Dingen in einer

»verfallenden deutschen Natur, in der die Menschen leben als sei der Druck der Luftsäule, dessen Gewicht jeder trägt, in diesen Bereichen wider alle Natur plötzlich fühlbar geworden«.[1] Totalität und Subjektivität waren nur noch scheinhaft erhalten. Alles Abweichende sah sich ins Exterritoriale versetzt, in die Exterritorialität im eignen Land, wie sie Siegfried Kracauer in seinem Roman *Ginster* darstellt – mit einem Helden, der unscheinbar bleibt, um nicht dem Schein zu verfallen – oder in eine Exterritorialität, die ihren Fluchtpunkt im Süden hatte, wo im utopischen Vorschein noch richtiges Leben sich andeutete – wenigstens unter dem ersten Blick des Fremden aus dem Norden.

Der Monte Veritá bei Ascona war einer dieser Fluchtpunkte, ein ›Arkadien‹, wo man – changierend zwischen erleuchtet und erloschen – die zivilisatorischen Zwänge gegen die rigide Strenge konkurrierender Alternativkulturen eintauschte. Oder man reiste nach Bali, wo man sich die Arglosigkeit der ›friedlichen Wilden‹ zunutze machen konnte – oder man zog nach Capri. Die Liste berühmter Ausländer, die dort lebten, ist lang. Sie reicht von Lenin, der dort um 1910 das Angeln mit den Fingern übte, über Oscar Wilde und Maxim Gorki bis zum SA-Führer Ernst Röhm, der Weihnachten 1933 aus der ›Schusslinie‹ der Reichswehr gebracht werden sollte und zudem auf der Insel ungestraft seinen Neigungen nachgehen konnte.[2] Felix v. Mendelssohn-Bartholdy aus der »großen europäischen Familie von Rang«, von der Sohn-Rethel gern sprach und der er sich zugehörig fühlte (einer seiner Urahnen ist Moses Mendelssohn) komponierte dort *Meeresstille und glückliche Fahrt* und Rilke hatte in der Villa Discopoli ein angemessenes Ambiente gefunden, um sich angesichts der Piccolo Marina das *Lied vom Meer* abzuringen: »Uraltes Wehn vom Meer ... du kommst zu keinem her ...«. Nur wenigen hat Capri nicht gefallen: Brecht floh nach Neapel, »dort gibt es Drinks Musik und Sifilis«[3].

Die Träume der ›Flüchtlinge‹ aus dem Norden reichten vom einfachen Leben bis zur luxuriösen Existenz des exotischen Fremden, der sich in die Kulisse aus Caprifischern und versinkender roter Sonne einkaufte. Für viele musste es allerdings bei der Lektüre von Axel Munthes Bestseller *Das Buch von San Michele* bleiben, Wirklichkeit konnten die Träume nur für besondere Menschen werden: für Rentiers und Künstler beispielsweise.

Positano, nicht weit von Capri entfernt auf dem Festland unweit Amalfi, galt damals verglichen mit der Insel wenig. Der *Baedeker* von 1906, dem Capri zehn Seiten wert war, widmete Positano knapp eine halbe Seite. Positano war eher ein Ziel für Eingeweihte, für »begabte Reisende«[4]. Für den nach einem Selbstmordversuch erblindeten Adolf v. Hatzfeld war Positano »der Ort, der meine Seele fett und glänzend machte [...] Positano riß mein Wesen auf [...] Hier lohnte es sich zu leben, und die Götter waren uns günstig gesonnen«.[5] Außer günstig gesonnener Götter bedurfte ein solches Leben allerdings auch der Fischer, der Köchinnen, der Weinbauern, der Gemüsehändler und der Bauarbeiter. *Deren* einfaches Leben folgte dem Zwang der Notwendigkeit, für viele lohnte es sich nicht mehr, dort zu leben, und die Götter hatten sich abgewandt. Tausende wanderten aus, oft gerade in die Länder, die von den Zivilisationsmüden verlassen worden waren.

Über die Ansammlung von Künstlern und Lebenskünstlern hinaus – »Gespenster, Bohemiens und Zwischenexistenzen der verschiedensten Grade«, »Dauergäste, die in dem mythologischen Bezirk als freiwillig Gefangene ihr Dasein verbringen« –[6], waren Capri und Positano auch Treffpunkte von Intellektuellen. Für das »intellektuelle Wanderproletariat«[7], wie es bei Benjamin selbstironisch heißt, wog nicht nur die drückende Luftsäule in südlichen Ländern leichter, auch das ökonomische Problem war lösbarer: »Da [...] ich zum wenigsten hier billiger lebe, so will ich es lieber hier mit dergleichen Schwierigkeiten aufnehmen.«[8]

»Intellektuelles Wanderproletariat«[9]

Einer der ›Flüchtlinge‹ aus Deutschland zu vorläufigem Aufenthalt im Süden war Alfred Sohn-Rethel. Er hatte sich 1921 nach Gaiberg zurückgezogen, ein Dorf oberhalb von Heidelberg. Der *eine* Gedanke, der ihn Zeit seines Lebens bewegte, die Lokalisierung des Transzendentalsubjekts im Inneren des Warentauschs, hatte ihn gefangen genommen. Dieser Spur nachzugehen und Belege für diesen Gedanken im Marxschen *Kapital* zu suchen, bestimmte die Jahre in Gaiberg. Zwei wichtige Begegnungen aus dieser Zeit sind zu nennen: Über Alfred Seidel[10] hatte er Walter Benjamin kennengelernt; mit Ernst Bloch, der ihm ein Exemplar von *Geist der Utopie* mit »aufrichtig guten Wünschen« gewidmet hatte, traf er sich oft in Heidelberg und Gaiberg.

Eine gesicherte Zukunft zeichnete sich für Sohn-Rethel hinter den tiefen Gedanken nicht ab. So kam ein Angebot des Oldenburger Verlegers Martin Venzky[11] zur rechten Zeit: Sohn-Rethel sollte eine kulturphilosophische Arbeit schreiben und dafür ein regelmäßiges Monatsgehalt von 250 Mark erhalten – in Deutschland zu wenig, in Italien vielleicht ausreichend: Er zog mit Frau Tilla und Tochter Brigit im März 1924 nach Capri.

Über Mode und Mythos hinaus gab es für ihn einen konkreten Grund, gerade dorthin zu gehen: Sein Onkel Otto Sohn-Rethel[12] hatte in Anacapri eine Villa, und er konnte zunächst bei ihm wohnen. Er zog jedoch bald nach Positano um, wo die Auswanderer viele leere Häuser zurückgelassen hatten, die billig zu mieten waren. »Häuser mit runden Kuppeldächern, weiße Mauern, große kühle Räume, jedes Haus hatte 2–3 große Balkons, keine Elektrizität (das erste Telefon wurde damals in Neapel eingerichtet). Die Räume waren herrlich leer, außer Betten, Tisch und Stühlen und 1–2 Kommoden nichts auf dem Steinboden.«[13] Auch für Positano gab es noch einen besonderen Grund: Der Maler Karli Sohn-Rethel[14], sein Lieblingsonkel, hatte dort schon einige Male den Sommer verbracht. Um ihn und um Otto Sohn-Rethel hatte sich ein Kreis von Künstlern gesammelt: Adolf v. Hatzfeld sei hier genannt und vor allem Gilbert Clavel[15], ein Schweizer Kunsthistoriker, der von einem Sarazenenturm aus, der in Positano am Meer steht, für sich und seine Freunde ein Labyrinth aus Höhlenräumen und Wandelgängen in den Fels hatte sprengen lassen.

Während der Jahre von Sohn-Rethels Aufenthalt auf Capri und in Positano trafen für Wochen oder auch Monate Walter Benjamin, Ernst Bloch, Theodor W. Adorno und Siegfried Kracauer ein. Konstellationen entstanden, die zu einer Fülle erstaunlicher und folgenreicher Begegnungen führten.

Benjamins finanzielle Situation hatte sich inzwischen zugespitzt, der Gedanke an Flucht – Flucht vor jener Kälte, Flucht vor der finanziellen Misere, Flucht aus der Ehe – gewann Gestalt. In Frankfurt hatte er die Anregung zu einer Habilitationsschrift über das deutsche Trauerspiel aufgegriffen. Bis zum März 1924 waren dafür »600 Zitate [...] in bester Ordnung und Übersichtlichkeit«[16] gesammelt, mit denen er nach Capri aufbrach. Er blieb dort von April/Mai bis zum 10. Oktober 1924.

Etwa zwanzigmal besuchte er in dieser Zeit das nahe Neapel, oft mit Sohn-Rethel, der mit der Stadt und der italienischen Sprache gut vertraut war. In Briefen an seinen Freund Gershom Scholem zeichnet Benjamin seine *Caprenser Chronik*[17]: Er spürt »Kräfte, die [...] auf diesem Boden mit zunehmender Macht in mir sich sammeln«[18] und die seinem *Ursprung des deutschen Trauerspiels* zugutekommen sollten. Das entscheidende Ereignis auf Capri ist für ihn die Begegnung mit Asja Lacis. Der »bolschewistischen Lettin aus Riga«[19], der »hervorragenden Kommunistin«[20] widmet er seine *Einbahnstraße,* mit ihr zusammen verfasst er den Essay *Neapel.* Die Denkbilder *Pranzo caprese* und *Maulbeer-Omelette,* die Beschreibung einer Begegnung mit Asja Lacis' Tochter Daga in *Chinawaren* und die Erinnerung an die caprenser Weinberge in *Loggien* bringen Landschaft, Häuser und Menschen zum Sprechen. *Der Verschwiegene,* ein Traumbericht von einer Wanderung nach Positano, handelt von der anderen Seite, von der Grenze vor dem letzten Geheimnis.

Bloch, für Benjamin ein willkommener Freund unter den vielen Touristen auf der »schlammigen germanischen Welle«[21], für Sohn-Rethel ein alter Bekannter, traf Mitte September 1924 auf Capri ein, von wo er im Spätherbst nach Nordafrika weiterreiste. »Danach, nach diesem Aufenthalt in einer zu uns wohlpassenden süditalienischen Landschaft, kam eine halbjährige wahre Symbiose in Paris«,[22] berichtet Bloch später über sein Verhältnis zu Benjamin in jener Zeit.

Eine (letzte) gemeinsame Sommerreise Adornos mit Kracauer in den Süden kam erst nach vielem Hin und Her zustande, Adorno telegraphierte zuletzt: »BIN MITTWOCH ABEND GENUA MIRAMARE – TEDDIE.«[23] Die Reise ging nach einem Treffen mit Benjamin in Neapel weiter nach Capri und Positano. Dort lernte Sohn-Rethel beide kennen und erhielt erste Berichte von dem 1923 in Frankfurt gegründeten *Institut für Sozialforschung*.

Adorno schildert in seiner Geschichte *Der Fischer Spadaro* einen Capresen mit roter Mütze, verwahrlostem Shawl und Vollbart, der mit Lenin geplaudert hatte und den »langbezahnten amerikanischen Damen – Gäste der Cook-Gesellschaft – häufig ›How lovely‹« entlockte. Die »Herren aus Sachsen dagegen, die Rucksäcke tragen und kritischer sind, fassen den Eindruck dahin zusammen, daß er eben ein Original sei«.[24]

Kracauer fand an den wuchernden Ruinen Positanos, die wieder Natur zu werden schienen, wenig Gefallen: »Das Grausen weicht nicht dem zivilisierten Verstand« und »die angefressenen Löcher saugen in sich hinein. [...] Zauberei fegt über den Ort«[25], diesem »Schwabing und Ascona« für »jüngere Lebenskünstler beiderlei Geschlechts«[26]. Die »Gespenster, Bohemiens und Zwischenexistenzen der verschiedensten Grade, [...] Dauergäste, die in dem mythologischen Bezirk als freiwillig Gefangene ihr Dasein verbringen«,[27] »exhibitionistisch Tändelnde«, »Verfemte«, »fertige Existenzen« und »Revenants«[28] schienen ihm als die Sieger, die über die Beute verfügten.

»Vom Meere aus Neapel zu lieben ist leicht«29

Dörfer wie Positano und Städte wie Neapel, wohlvertraut für Katzen und Briefträger, bieten dem bloß liebenden Blick des Eindringlings das Bild eines »entsetzlichen Konglomerats«[30]: An Versuchen, in das Gewirr der neapolitanischen Straßen und Gassen eine ›höhere‹ Ordnung zu bringen, hat es nicht gefehlt. Im Stadtplan von 1889 ist beispielsweise das Schachbrettmuster der Straßen des ›neuen‹ Neapel in Blau aufgedruckt - der Versuch einer Haussmannisierung, die bald wieder aufgegeben wurde. Die Annäherung an das »Konglomerat« hat ihre Grenzen. Die Grenzen zu verschweigen macht aus dem Dorf eine bukolische Idylle, sie mit Gewalt zu durchbrechen, befreit nicht von ihnen. Benjamin macht vor ihnen halt, wenn er in einen »Stachelwald scharfer Mondschatten« zwischen den Häuserruinen Positanos tritt und sich dem »Bannkreis«[31] nähert. Clavel hatte versucht, dem Chaos die architektonische Totalität seiner Welt aus Gängen und Höhlen aufzuzwingen. Er wurde dadurch aber nicht zum Beherrscher der »Elemente des Universums« wie der Schlagsahneproduzent in Sohn-Rethels *Verkehrsstockung in der Via Chiaia*,[32] sondern zum Besessenen in einem Spinnennetz, das er niemals hätte vollenden können: Über den Plänen zur Errichtung oder besser Einnistung eines ›letzten‹ eiförmigen Gewölbes starb er durch eigne Hand.

Neapel verklärt sich dem selben bloß *liebenden* Blick zur Stadt des brodelnden, farbigen Lebens, wo man ohne allzu großes Risiko in den Abgrund schauen konnte, solange man nur sicher sein konnte, dass das Schiff nach Capri oder Positano wartete: »Vom Meere aus Neapel zu lieben ist leicht.«[33] Es bedarf des *kritischen* Blicks, um das im »Bannkreis« Verborgene zu entschlüsseln, um durch die »unscheinbare Tür« zu treten, die »geheime Pforte für den Wissenden«.[34] Die Neapel-Essays Benjamins[35] und die drei Geschichten Sohn-Rethels, die in diesem Band vereinigt sind, versuchen eine solche Annäherung an die Stadt.

Benjamins Berichte haben den materialen Hintergrund einer glutheißen Stadt ohne Stille und Schatten, deren zunächst undurchschaubares Chaos der »völlig induktiven Weise«[36] Benjamins, sich mit Orten bekannt zu machen, viel Zeit abforderte: »Die Stadt ist felsenhaft«, ein Labyrinth ohne rettendes Zentrum, ihre Farbe ist Grau, »ein graues Rot oder Ocker, ein graues Weiß. Und ganz grau gegen Himmel und Meer«.[37]

Die Anregung zu seinen Essays *Das Ideal des Kaputten, Eine Verkehrsstockung in der Via Chiaia* und *Vesuvbesteigung 1926* verdankte Sohn-Rethel seinen Freunden, Bekannten und literarisch-philosophischen Kollegen: Benjamin, Kracauer und Adorno. Kracauer war es auch, der *Das Ideal des Kaputten* am 21. März 1926 in der *Frankfurter Zeitung* unterbrachte.

»Filosofia del rotto«

Eine Gesellschaft, deren Nexus der Warentausch ist, kann Ausbrüche und Exzesse ebenso wenig dulden wie

Abweichungen. In Neapel wurde sie dazu gezwungen: »Das Elend hat eine Dehnung der Grenzen zustande gebracht.«[38] In »neuen unvorhergesehenen Konstellationen«[39], die der Flüchtende in der Heimat im Norden nicht mehr finden konnte, gewinnt das Widerständige gegen die strikten Gesetze des Warentauschs an Macht und zielt darauf, das geschlossene System aufzubrechen: »Porosität [...] ist das Gesetz dieses Lebens«.[40] Die »Durchdringung«, die diese Porosität erlaubte, war keine gleichgültige. Es durchdringen sich Privates und Öffentliches, Ländliches und Städtisches (etwa, wenn Kühe im fünften Stock von Wohnhäusern leben), Profanes und Heiliges (wenn die glühlampenverzierten Madonnen in Neapels Straßen noch erstrahlen, obwohl anderswo längst das Stromnetz zusammengebrochen ist) oder Festtag und Werktag (wenn in bestimmten Vierteln – und nur dort – der Lokalheilige gefeiert wird). Es durchdringen sich sogar die Gesetze des Staates mit den nicht weniger strengen Spielregeln der Camorra (Sohn-Rethel schildert dies eindringlich an den Hochzeitsritualen der jungen Camorristi).

Die Essays handeln von der anarchisch-neapolitanischen Praxis und vom beharrlichen Widerstand gegen die gesellschaftlichen Mächte der Kirche, Camorra und Technik. In ihnen füllt Sohn-Rethel den Begriff der Durchdringung mit Empirie. Sie zeigt sich vor allem im ehrfurchtslosen Umgang mit der Technik und den Segnungen der kapitalistischen Warengesellschaft, die auch das Neapel der 1920er Jahre, allen feudalen Resten zum Trotz, bestimmte.

Ehrfurchtsloser Umgang bestimmt den Neapolitaner besonders in seinem Verhältnis zu den Maschinen. Dazu gehört exzessiver Gebrauch, ein liebevolles Schinden strikt nach Anweisung, das zu schnellem Verschleiß führt. Den Betrug, der in diesem schnellen Verschleiß des als ›ewig während‹ Angepriesenen liegt, wendet der Neapolitaner ins Allerglücklichste: Er entreißt die Trümmer dem Verfall, baut aus ihnen ein neues Universum und gelangt so zu »utopischer Daseins-Allmacht«. Der »Verzauberung ist [...] damit abgeholfen, daß die Sache kaputt geht«.[41] So können in Neapel »die Mechanismen [...] das zivilisatorische Kontinuum nicht bilden, zu dem sie ausersehen: Neapel dreht ihnen das Gesicht auf den Rücken«.[42]

Während der melancholische Allegoriker den Trümmern der dissoziierten Welt neue Bedeutung verleiht, setzt der durchaus nicht melancholische Neapolitaner die Trümmer zu einem neuen funktionierenden Ganzen zusammen. Ähnlich der Abstraktion im Warentausch, die nach Sohn-Rethel nicht in den Köpfen der Beteiligten, sondern als Realabstraktion in ihrem Handeln stattfindet, ist auch die neugeschaffene Welt des Neapolitaners kein Denkprodukt, sondern Ergebnis notwendigen Handelns: Der Neapolitaner ist *Realallegoriker.*

Dieses Verfahren versagt bei Riesengebilden wie Eisenbahnen und an Dingen »welche, wie die Elektrizität, nicht eigentlich kaputt zu machen sind«.[43] An Netzwerken wie dem Telefonsystem versagt es ebenso, wie an kybernetischen Wunderwerken, die nur um den Preis der völligen Zerstörung geöffnet werden können. Das Schwinden verwertbarer Trümmer weist auf die Grenzen dieser Utopie. Heute finden wir ihre Spuren nicht mehr in den gesäuberten Zentren der Städte, sondern eher an ihren Rändern, in den Ländern der

›Dritten Welt‹ oder auf abgelegenen Ägäisinseln, wo profane Lastwagen als göttliche Boten der Warenwelt immer noch die Namen von Heiligen tragen.

Die so romantisch erscheinende Durchdringung von Privatem und Öffentlichem erweist sich allerdings auch im Süden in ihren extremen Momenten von buntem Leben und zwingender sozialer Kontrolle bei wachsender Kenntnis als widersprüchlich. Der genaue Beobachter erkennt hier »nicht heiles Paradies, vielmehr dessen Abwesenheit«[44] und der »lautlose Anarchist«[45] sieht im Laut-Anarchischen »sein dissoziiertes Inneres reflektiert«[46].

Sohn-Rethels *Filosofia del rotto*[47] erreicht in ihrem anekdotischen Zugriff auch ihre Grenze. Dient die Durchdringung im realen Leben als Strategie des Überlebens, so können die bunten Schilderungen auch das namen- und farblose Elend verdecken. Dabei liegt es in Neapel, wo das Leben auf Straßen und Plätze hinauswuchert, offener zutage als anderswo, und nirgendwo fiel die unheilvolle Synthese von Geist und Geld so ins Auge wie in einer Stadt wo Geldinstitute *Banco di Santo Spirito* hießen. Interesse findet, was der Mut und der Witz der ›kleinen Leute‹ retten konnte. Das ›Ganze‹ wird erst wieder aus großer Entfernung sichtbar: vom Kraterrand des Vesuv.

Jene unbeherrschte und unbeherrschbare ›erste‹ Natur ist Gegenstand der *Vesuvbesteigung 1926*, eine Natur, die nicht für die zerstörerische Stadt entschädigt, sondern selbst zerstörerisch ist – sie war es zumindest damals, als der Vesuv nach dem großen Ausbruch von 1906 in den Jahren 1913 – 1929 wieder aktiv war. Es ist aber nicht die graue, trostlose Zerstörung durch die gesellschaftlichen Verhältnisse, der Vulkan überwältigt vielmehr durch Klänge und Farben, selbst das Grau der Asche wird »ein silbrig schimmerndes, gleichwie lebendiges Grau, das der Mondschein noch mit einer feinen rosa Lasur versehen hat«.[48] Wie die ›zweite‹ Natur der Stadt ist der Vesuv bedrohlich und verzaubernd zugleich, und hier wie dort leisten die Bewohner, der Notwendigkeit folgend, beharrlichen Widerstand: »Entschlossen, in sorgloser Vergeßlichkeit ein gesegnetes Arbeitsleben zu vollbringen«,[49] siedeln sich die von Katastrophen Vertriebenen stets von Neuem an.

Die Philosophie als »Burg unserer letzten Hoffnung«

1926 versiegte Sohn-Rethels Geldquelle: Das Buchprojekt war jäh beendet, Spuren davon sind nicht aufzufinden. Die Familie in Deutschland sah erneute finanzielle Forderungen auf sich zukommen und drängte ihn, sein abgebrochenes Studium zu beenden und einen ordentlichen Beruf zu ergreifen. In Positano gab es für ihn keine Zukunft. Die Großmutter Else Rethel löste ihn mit 3000 Lire aus (Schulden waren zur Prestigeförderung geradezu notwendig, wie Sohn-Rethel versicherte). Er ging im Mai/Juni 1927 nach Heidelberg zurück und promovierte dort 1928 mit der Dissertation *Zur Kritik der subjektivistischen Ökonomie*.[50]

Aus der Zeit in Positano sind zwei theoretische Entwürfe erhalten, geschrieben auf der Schreibmaschine Clavels. Sie tragen die verheißungsvoll-sperrigen Titel *Exposé zum theoretischen Kommentar der Marxschen Gesellschaftslehre*[51] und *Grundlegung der theoretischen Ökonomie als strenger Wissenschaft durch die Beantwortung der Frage, wie überhaupt Gesellschaft möglich sei.*[52] Der erste dieser Entwürfe schließt mit dem kühnen Satz: »So wollen wir uns vorerst die Philosophie zur Burg unserer letzten Hoffnung bauen.«

Die Entwürfe bilden die theoretische Grundlage für Sohn-Rethels Geschichten in dem vorliegenden Band. Die Diskussion dieser ersten Exposés mit den Freunden war damals eher von Vorsicht geprägt: »Meine Ideen habe ich noch wahnsinnig geheimgehalten und gegen jeden Luftzug geschützt. Ich war ungeheuer sensibel, empfindsam. Ich habe auf meine Dinge absolut gepocht, aber nur für mich alleine.«[53] Es gab aber durchaus Versuche, mit den Exposés in der akademischen Welt und insbesondere beim Frankfurter *Institut für Sozialforschung* anzukommen. Sie schlugen ebenso fehl wie später 1936/37. Adorno und Kracauer, die ersten Leser, hielten von den Exposés wenig und fassten ihre Meinung in dem von Sohn-Rethel überlieferten Satz »Er hat unsere Empirie, aber nicht unsere Theorie« zusammen. Später, als Adorno und Kracauer schon zerstritten waren und nicht mehr »*unsere* Theorie« sagen konnten, nahm Adorno Sohn-Rethels Gedanken wohlwollend auf, der sich aber missverstanden fühlte.[54] Doch ohne sie bleiben bei Adorno die »Scharnierstellen der *Negativen Dialektik*, der *Ästhetischen Theorie* und seiner Essayistik schiere Schibboleths«.[55]

Nach 1933 machten alle Beteiligten der Konstellationen von Capri, Positano und Neapel erneut die Erfahrung der Exterritorialität – unter Zwang und nicht in arkadischen Gefilden, sondern dort, wohin sie *nicht* wollten: Adorno, Benjamin, Bloch, Kracauer und Sohn-Rethel wurden zur Emigration gezwungen. Benjamin hat die Flucht nicht überlebt, Adorno, Bloch und Kracauer gingen in die USA, Sohn-Rethel über die Schweiz und Frankreich nach Großbritannien.

Heute sind aus den einst leerstehenden Häusern Positanos profitable Hotels geworden,[56] Clavels Labyrinth war Sommerresidenz der Principessa Santa Borghese Hercolani (1897 – 1997), sie kann heute gemietet werden (7 Schlafzimmer, 11 Betten, ca. 45 000 $ pro Woche) und bietet *Street Life* in Neapel als Möglichkeit für einen Tagesausflug an.

Und auf Capri machen die seit 1990 wieder zugelassenen Herren aus Sachsen große Augen über die integrierende Wirkung der Insel: Ein Denkmal Lenins überragt die Via Krupp, einen Pfad, den Friedrich Alfred Krupp 1902 in den Fels hauen ließ, um bequem vom Hotel Quisisana an die skandalumwitterte Grotta di Fra Felice und zur Piccolo Marina zu gelangen. Heute übt sich in den Dämmerstunden die freie Marktwirtschaft auf dem Pfad in Tauschhandlangungen der anderen Art – sofern er nicht gerade wegen Steinschlag geschlossen ist.

Der Vesuv ist vorläufig erloschen, der Krater ist nur noch untertags und nach Zahlung von 10 Euro Eintritt zugänglich. Das neapolitanische Elend ist gewachsen und hat an Farbigkeit verloren, die Camorra hat die letzten Reste ihres Raubrittertums abgestreift: Am 24. April 1990 meldete die dpa 5 Tote und 7 Verletzte bei einem Camorraüberfall auf Afrikaner wegen Differenzen im Drogengeschäft. Über die heutige Lage berichtet Roberto Savianos auch 2008 verfilmter Roman *Gomorrah. Reise in das Reich der Camorra.* »Sechs Morde in drei Tagen« lautete die Schlagzeile Ende Mai 2017 im *Spiegel*, »Sieben Morde in zehn Tagen« hieß es bei *Focus*, »Acht Morde in elf Tagen« meldete *stol.it*.

Geblieben ist das kompetente Interesse des Neapolitaners am Tier, das Sohn-Rethel in seiner *Verkehrsstockung* thematisiert. Am selben 24. April 1990 berichtete die dpa von einem Fuchs, der im Zentrum von Neapel Anlass zu einer Verkehrsstockung war: »Hunderte von Autofahrern ließen ihre Wagen stehen, um das ungewöhnliche Schauspiel nicht zu verpassen. Schließlich gelang es der Feuerwehr, den Fuchs einzufangen. Mit einer leichten Verletzung wurde das Tier schließlich in den Zoo gebracht.«

Immer noch wartet Neapel am Maiwochenende, am 19. September und am 16. Dezember auf das Blutwunder von San Gennaro, von dem *Meyers Konversationslexikon* von 1887 sagte, dass es sich »als treffliches Agitationsmittel in der Hand des Klerus«[57] bewährte. Im Tunnel unter dem Vomero fahren schon längst Züge, und das Überschreiten der Gleise ist verboten. Die Stadtverwaltung hatte aus Sohn-Rethels Geschichten gelernt: In der Via Chiaia wurde die Geschwindigkeit auf 10 km/h begrenzt und die Verkehrsstockung fand in Permanenz statt. Heute ist die Straße Fußgängerzone und luxuriöse ›Einkaufsmeile‹.

Von Ratten, Elefanten und Menschen

Jahrzehnte später hat Sohn-Rethel zwei weitere Episoden einer Begegnung des Tiers mit der Welt der Menschen festgehalten. Die erste Episode spielte 1941 während seines Exils in England, wo sich zwei liebenswürdige britische Ratten um die kargen Zuweisungen von Hühnereiern bemühten – zwei pro Woche war die Ration auf der Lebensmittelkarte –, die eigentlich Sigurd Zienau zugedacht waren, einem angehenden

Physiker und Freund Sohn-Rethels. Mit faszinierendem Eigensinn und wohlkoordinierter geistiger und körperlicher Arbeit gewannen sie den Kampf. Die Ratten hatten eine gute Zeit, und auch Zienau, der bei den Emigranten Wolfgang Pauli und Herbert Fröhlich studiert hatte, überlebte, um sich später in Liverpool und London mit Polaronen und der Quantenmechanik zu befassen, die Mensch und Ratte gleichermaßen bestimmt.

Wieder Jahrzehnte später, Sohn-Rethel lebt immer noch im Exil in Birmingham, war es ein Elefant, der nicht nur domestiziert war, sondern dompteurisiert. Die Zeiten waren besser, Lebensmittelkarten waren längst Geschichte, und es gab neue Autos, mit denen man Ausflüge machen konnte. Der Elefant, der sein neues Heim im Zoo von Dudley, einer Stadt in den West-Midlands, beziehen sollte, hatte Zirkuserfahrung und sah am Straßenrand vor dem Zirkuseingang in einem roten Mini, der Sohn-Rethels Freunden gehörte, einen jener Zirkushocker, auf die sich Elefanten zu setzen oder zu stellen hatten. Er ließ sich nicht abhalten, auf dem kleinen Flitzer eine Pause zu machen. Ob auch Engländer der 1980er Jahre dem Ideal des Kaputten so fantasievoll folgen konnten wie Neapolitaner der 1920er, sei dahingestellt. Wie die Geschichte weiterging, die Sohn-Rethel 1987 aufschrieb, bleibt ein Geheimnis.

Anmerkungen

1 Benjamin, *Analysis,* S. 916 f., 921; vgl. auch *Kaiserpanorama X.,* S. 99.

2 Zu Ernst Röhm s. *Entwicklungslinien der Außenpolitik* (Sohn-Rethel, *Werke II,* S. 284–306) und *Die Geschichte des 30. Juni 1934* (ebd., S. 351–362.)

3 Brecht an Helene Weigel, Ende Mai/Anfang Juni 1924 (Brecht/Weigel, *Briefe,* S. 16). Weiteren Klatsch über Capri enthalten u.v.a. die Capri-Bücher von Bender/Schwark und Money, siehe auch die seit 1987 erscheinende Zeitschrift *Capri.*

4 Kracauer, *Hatzfeld.*

5 Hatzfeld, *Positano,* S. 25 ff.

6 Kracauer, *Hatzfeld.*

7 Benjamin, *Job,* S. 133.

8 Benjamin an Gershom Scholem, 10. Mai 1924 (Benjamin, *Briefe,* S. 345). Diese Lösung bot sich insbesondere ab November 1923 an, als in Deutschland die Rentenmark eingeführt worden war.

9 Benjamin, *Job,* S. 133.

10 Alfred Seidel (1895 – 1924), Verfasser von *Bewußtsein als Verhängnis* (siehe dazu Kracauer, *Schriften,* Bd. 5.2, S. 11 – 13).

11 Venzky war der Schwiegersohn des Verlegers Heinrich Stalling. Der Stalling-Verlag war ursprünglich auf Militaria und deutschnationale Literatur spezialisiert.

12 Otto Sohn-Rethel (1877 – 1949), Maler, Sammler und Schmetterlingsjäger (siehe Hatzfeld, *Positano,* S. 31 ff.).

13 Brigit Wright (1921 – 1995), Sohn-Rethels Tochter, an den Verfasser, 16. November 1991.

14 Karli Sohn-Rethel (1882 – 1966), Maler. Er lebte von 1941 bis 1959 ständig in Positano.

15 Gilbert Clavel (1883 – 1927). Siehe die Schriften Hatzfelds, sowie Kracauer, *Felsenwahn,* und Benjamin, *Job.*

16 Benjamin an Gershom Scholem, 5. März 1924 (Benjamin, *Briefe,* S. 339).

17 Dies., 16. September 1924 (ebd., S. 353).

18 Dies., 10. Juli 1924 (ebd., S. 351).

19 Dies., 13. Juni 1924 (ebd., S. 347).

20 Dies., 16. September 1924 (ebd., S. 355).

21 Ebd., S. 353.

22 Bloch, *Erinnerungen,* S. 16.

23 Adorno (aus Campo Carlo Magno, oberhalb vom Gardasee) an Kracauer am 30. August 1925 (in: Adorno/Kracauer, *Briefwechsel,* S. 113). Der Mittwoch war der 2. September 1925, vgl. auch Belke/Renz, *Kracauer,* S. 42, wo der Beginn der gemeinsamen Reise auf 8. September 1925 datiert wird.

24 Adorno, *Fischer Spadaro,* S. 583 f.

25 Kracauer, *Felsenwahn,* S. 331.

26 Kracauer, *Hatzfeld.*

27 Ebd.
28 Kracauer, *Felsenwahn*, S. 331 ff.
29 Benjamin, *Job*, S. 132.
30 Ebd., S. 330.
31 Benjamin, *Job*, S. 133.
32 Sohn-Rethel, *Verkehrsstockung*, in dieser Ausgabe S. 20.
33 Benjamin, *Job*, S. 132.
34 Benjamin/Lacis, *Neapel*, S. 310.
35 Neben dem schon erwähnten Essay *Neapel*, den Benjamin zusammen mit Asja Lacis verfasste, sind der Rundfunkvortrag *Neapel* und die Rezension des Neapelbuchs von Jakob Job zu nennen.
36 Benjamin an Gershom Scholem, 12. Oktober bis 5. November 1924 (Benjamin, *Briefe*, S. 363).
37 Benjamin/Lacis, *Neapel*, S. 309.
38 Ebd., S. 314.
39 Ebd., S. 309.
40 Ebd., S. 311. Den Begriff »Porosität« gibt Asja Lacis in ihren Lebenserinnerungen *Revolutionär im Beruf* als ihre Entdeckung an. Bloch eignete sich den Begriff für seinen Essay *Italien und die Porosität* an.
41 Sohn-Rethel, *Ideal des Kaputten*, in dieser Ausgabe S. 43.
42 Ebd., S. 46.
43 Ebd., S. 44.
44 Günter, *Kracauer*, S. 110.
45 In einem Brief an Bloch vom 5. Januar 1928 bezeichnet Kracauer seine Romanfigur Ginster als »lautlosen Anarchisten« (Bloch, *Briefe*, S. 289).
46 Günter, *Kracauer*, S. 109.
47 So der Titel der italienischen Ausgabe von *Das Ideal des Kaputten*.
48 Sohn-Rethel, *Vesuvbesteigung*, in dieser Ausgabe S. 29.
49 Ebd.
50 Sohn-Rethel, *Werke I*, S. 43 – 144.
51 Unveröffentlichtes Manuskript im Nachlass.
52 Sohn-Rethel, *Werke I*, S. 155 – 188.

53 Greffrath, *Gespräch,* S. 255.

54 Adorno spricht in der *Negativen Dialektik* von der »Synthesis der gesellschaftlichen Arbeit« und beruft sich hierbei auf Sohn-Rethel, der jedoch diese Formulierung nicht »ohne Vorbehalt akzeptiert«, weil es »keine Synthesen *kraft* der gesellschaftlichen Arbeit, sondern *kraft* des Warentauschs sind«, die das Spezifische der kapitalistischen Vergesellschaftung ausmachen. (Sohn-Rethel, *Geistige und körperliche Arbeit* [1972], Anm. 24, S. 90f., s. auch *Werke IV.1,* S.71Af.)

55 Hörisch, *Krise,* S. 17. Hörisch weist in dieser Arbeit und in seinem Essay *Die Theorie der Verausgabung und die Verausgabung der Theorie – Benjamin zwischen Bataille und Sohn-Rethel* (Bremen 1983) auch auf die Spuren von Sohn-Rethels Denken bei Benjamin hin.

56 Der Fremdenverkehrsverein Positano wirbt mit dem Benjamin-Zitat »Und hier [...] machte ich die Erfahrung, was es heißt, einem Bannkreis sich nähern« (Benjamin, *Job,* S. 133) – was immer dies bei den umworbenen Pauschalreisenden auslösen mag, schließlich heißt es bei Benjamin weiter: »Ich kehrte um.«

57 Der *Große Brockhaus* von 1955 war etwas nüchterner: »Eine ausreichende wissenschaftliche Prüfung ist bisher nicht erfolgt.«

Editorische Notiz

Vorlagen für diese Ausgabe sind die Erstdrucke.

Eine Verkehrsstockung in der Via Chiaia
Sohn-Rethel konnte die Erzählung nicht mehr selbst für den Druck redigieren. Auf seinen Wunsch wurden vom Herausgeber einige Passagen aus Notizen und aus dem Rundfunkgespräch mit Wolfgang Hagen (*Alfred Sohn-Rethel. Ein Intellektueller aus Deutschland erzählt,* Radio Bremen 1977) eingefügt. Alle Einfügungen stehen in [ ].

Erstdruck in: *Das Ideal des Kaputten,* Bettina Wassmann, Bremen 1990, 1992,
später in:
Das Ideal des Kaputten, Ulrich Seutter, Frickingen 2009.

Vesuvbesteigung 1926
Erstdruck in: *Vesuvbesteigung 1926,* Bettina Wassmann, Bremen 1982,
später in:
Das Ideal des Kaputten, Bettina Wassmann, Bremen 1990, 1992,
Das Ideal des Kaputten, Ulrich Seutter, Frickingen 2009.

Das Ideal des Kaputten. Über neapolitanische Technik
Erstdruck in: *Frankfurter Zeitung*, 21. März 1926, Erstes Morgenblatt, S. 1,
(Hervorhebungen durch den Autor, der auch den ursprünglichen Text an einigen Stellen ergänzt hat,)
später in:
L'invitation au voyage zu Alfred Sohn-Rethel, Bettina Wassmann u. Joachim Müller, Bremen 1979,
Wechselwirkung 7, 1980, S. 38 – 39,
Das Ideal des Kaputten, Bettina Wassmann, Bremen 1990, 1992,
Das Ideal des Kaputten, Ulrich Seutter, Frickingen 2009.

Sigurds Ratten
Erstdruck: *Sigurds Ratten. Ein Bericht von Alfred Sohn-Rethel,* mit einem Ratten-Leporello von Uwe Kirsch, Bettina Wassmann, Bremen 1985, 1989,
später in:
Das Ideal des Kaputten, Ulrich Seutter, Frickingen 2009.

Dudley Zoo. Eine Elefantengeschichte
Erstdruck: *Dudley Zoo. Eine Elefantengeschichte,* mit einer Elefanten-Beilage von Thomas Paschke (Dessini), Bettina Wassmann, Bremen 1987,
später in:
Das Ideal des Kaputten, Ulrich Seutter, Frickingen 2009.

Bildnachweise

Umschlag: Umgebung von Neapel, nach *Meyers Konversationslexikon*, 4. Aufl., Bd. 12, Leipzig 1889.

S. 2–3: Stadtplan von Neapel, nach *Meyers Konversationslexikon*, 4. Aufl., Bd. 12, Leipzig 1889.

S. 11: Neapel, Ansicht vom Meer aus, eine Fotografie von Giorgio Sommer, Sommer Kat. 1882, S. 7, Nr. 6831 (Panorama preso da Mare).

S. 25: Touristen am Kraterrand des Vesuvs, 1933, nach Elio Abatino, *Vesuvio*, Carcavallo editore, Neapel 1989.

S. 39: Kreuz, glühlampengeschmückt, nach Luciano De Crescenzo, *Bellavistas Neapel*, Diogenes, Zürich 1990, S. 132.

S. 47: Ferrovia Cumana. Napoli – Pozzuoli Torre Gaveta, Stazione di Montesanto – Ingresso al Tunnel, Luigi Guida, Napoli retrò 1888.

S. 53: Alfred Sohn Rethel vor Elefant (Reichskolonialdenkmal, 1989 zum Antikolonialdenkmal umgewidmet), Bremen, ca. 1987, eine Fotografie von Bettina Wassmann.

S. 90–91: Vesuv, nach *Meyers Konversationslexikon*, 4. Aufl., Bd. 16, Leipzig 1890.

Capri – Positano – Neapel

Eine Literaturauswahl

ALFRED SOHN-RETHEL (1899 – 1990)

Werke I: *Von der Analytik des Wirtschaftens zur Theorie der Volkswirtschaft,* hrsg. v. Oliver Schlaudt u. Carl Freytag, ça ira, Freiburg i. Br. 2012.

Werke II: *Die deutsche Wirtschaftspolitik im Übergang zum Nazifaschismus,* hrsg. v. Carl Freytag u. Oliver Schlaudt, ça ira, Freiburg i. Br./Wien 2015.

Werke III: *Frühe Exposés zur materialistischen Kritik der Erkenntnis.* Luzern – Paris – Oxford. 1936 – 1937 und ergänzende Texte, hrsg. v. Jens Peters, ça ira, Freiburg i. Br./Wien 2018.

Werke IV: *Geistige und körperliche Arbeit. 1947 – 1989,* hrsg. v. Oliver Schlaudt, Carl Freytag u. Françoise Willmann, ça ira, Freiburg i. Br./Wien 2018.

Das Ideal des Kaputten. Über neapolitanische Technik
Frankfurter Zeitung, 21. März 1926, Erstes Morgenblatt, S. 1.
L'invitation au voyage zu Alfred Sohn-Rethel,
Bettina Wassmann u. Joachim Müller, Bremen 1979,
darin: *Das Ideal des Kaputten.*

Vesuvbesteigung 1926
Bettina Wassmann, Bremen 1982,
darin:
Vesuvbesteigung 1926,
Das Ideal des Kaputten.

In französischer Übersetzung (nur *Vesuvbesteigung 1926*): *Ascension du Vésuve 1926*, in: *Le Promeneur* 46, Februar/März 1986, S. 12 – 15.

Sigurds Ratten. Ein Bericht von Alfred Sohn-Rethel
mit einem Ratten-Leporello von Uwe Kirsch, Bettina Wassmann, Bremen 1985, 1989.

Dudley Zoo. Eine Elefantengeschichte
mit einer Elefanten-Beilage von Thomas Paschke (Dessini), Bettina Wassmann, Bremen 1987.

Das Ideal des Kaputten
Bettina Wassmann, Bremen 1990, 1992,
darin:
Eine Verkehrsstockung in der Via Chiaia,
Vesuvbesteigung 1926,
Das Ideal des Kaputten – Über neapolitanische Technik,
Nachwort u. Hrsg.: Carl Freytag, Alfred Sohn-Rethel in Italien: 1924 – 1927.

In italienischer Übersetzung: *Napoli – La filosofia del rotto*, Alessandra Caròla, Neapel/Mailand 1991.

In russischer Übersetzung: *Идеáльные Роломки,* Grundrisse, Moskau 2016.

Das Ideal des Kaputten
Ulrich Seutter, Frickingen 2009,
darin wie 1990, 1992, dazu:
Sigurds Ratten
Dudley Zoo.

***

THEODOR W. ADORNO (1903 – 1969)
Gesammelte Schriften (= GS), hrsg. v. R. Tiedemann, Frankfurt a. M. 1970 ff.
Der Fischer Spadaro, in: GS, Bd. 20.2, S. 583 – 584.

THEODOR W. ADORNO u. SIEGFRIED KRACAUER
Briefwechsel 1923 – 1966, Frankfurt a. M. 2008.

WALTER BENJAMIN (1892 – 1940)
Briefe, hrsg. v. G. Scholem u. Th. W. Adorno, Frankfurt a. M. 1966 (vgl. auch die sechsbändige Ausgabe *Gesammelte Briefe*).
Gesammelte Schriften (= GS), hrsg. v. R. Tiedemann u. J. Schweppenhäuser, Frankfurt a. M., 1972 ff.
Neapel, in: *Aufklärung für Kinder – Rundfunkvorträge,* hrsg. v. R. Tiedemann, Frankfurt a. M., 1985, S. 152 – 159.
Rezension: Jakob Job, *Neapel – Reisebilder und Skizzen* (Zürich 1928), in: GS 3, S. 132 – 135; Erstdruck: 20. Juli 1928.
Chinawaren (aus *Einbahnstraße*), in: GS 4.1, S. 89 – 90; Erstdruck: 14. April 1926.
Kaiserpanorama (aus *Einbahnstraße*), in: GS 4.1, S. 94 – 101; Erstdruck: 1928.
Loggien (aus *Berliner Kindheit um Neunzehnhundert*), in: GS 4.1, S. 294 – 296; Erstdruck: 1. August 1933.

Pranzo caprese, in: GS 4.1, S. 378 – 379; Erstdruck: 9. Mai 1930.
Maulbeer-Omelette, in: GS 4.1, S. 380 – 381; Erstdruck: 29. Mai 1930.
Der Verschwiegene, in: GS 4.1, S. 423 – 424; Erstdruck: 1928.
Gedanken zu einer Analysis des Zustands von Mitteleuropa, in: GS 4.2, S. 916 – 928.

WALTER BENJAMIN u. ASJA LACIS
Neapel, in: Benjamin, GS 4.1, S. 307 – 316; Erstdruck: 19. August 1925.

ERNST BLOCH (1885 – 1977)
Gesamtausgabe, Frankfurt a. M. 1959 ff.
Italien und die Porosität, in: *Gesamtausgabe,* Bd. 9, S. 508 – 515; Erstdruck: 1926.
Erinnerungen, in: *Über Walter Benjamin,* hrsg. von Th. W. Adorno, Frankfurt a. M. 1968, S. 16 – 23.
Briefe 1903 – 1975, hrsg. v. K. Bloch u. a., Frankfurt a. M. 1985.

BERT BRECHT u. HELENE WEIGELT
»ich lerne: gläser + tassen spülen«. Briefe 1923 – 1956, Berlin 2012.

ADOLF VON HATZFELD (1892 – 1957)
Positano – Bekenntnis einer Reise, Potsdam 1937; Erstdruck: 1925.
Positano und Pompeji, in: *Italien,* 1. Jg., Heft 4, 1928, S. 183 – 189.

SIEGFRIED KRACAUER (1889 – 1966)
Schriften, hrsg. v. K. Witte u. a., Frankfurt a. M. 1971 ff.
Felsenwahn in Positano, in: *Schriften,* Bd. 5.1, 1990, S. 329 – 336; Erstdruck: 20. Oktober 1925.
Rezension: Adolf von Hatzfeld, *Positano* (Essen 1925), in: *Frankfurter Zeitung,* 7. Februar 1926, Zweites Morgenblatt.

ASJA LACIS (1891 – 1979)
Städte und Menschen, in: *Sinn und Form*, Jg. 21, 1969, S. 1326 – 1357.
Revolutionär im Beruf, hrsg. v. H. Brenner, München 1971.

***

INGRID BELKE u. IRINA RENZ
Siegfried Kracauer, Marbacher Magazin 47, Marbach 1988.

HANS BENDER u. HANS GEORG SCHWARK (Hrsg.)
Capri. Ein Lesebuch, Frankfurt a. M. 1988.

MATHIAS GREFFRATH
Die Zerstörung einer Zukunft. Gespräche mit emigrierten Sozialwissenschaftlern, Reinbek b. Hamburg 1979, darin: *»Einige Unterbrechungen waren wirklich unnötig.« Gespräch mit Alfred Sohn-Rethel*, S. 249 – 298.

MANUELA GÜNTER
Siegfried Kracauers philosophischer Roman »Ginster«: Eine Allegorie enteigneter Subjektivität, Magisterarbeit, München 1990.

JOCHEN HÖRISCH
Die Krise des Bewußtseins und das Bewußtsein der Krise, in: A. Sohn-Rethel, *Soziologische Theorie der Erkenntnis*, Frankfurt 1985, S. 7 – 33 (Vorwort).

JAMES MONEY
Capri. Island of Pleasure, London 1986.

ROBERTO SAVIANO
Gomorrah. Reise in das Reich der Camorra, München 2007, Verfilmung 2008.

Pollena
Giordano
Acquedotto di
1855, 1872
1872
Massa di Somma
1631, 1872
S.Sebastiano
1631, 1872
Fosso di Faraone
Mon
1855, 1868, 1872
Fosso della Vetrana
1786
Eremitage
Osservatorio
610m
Salvatore
Mte. di Canteroni
orgio a Cremano
le Novelle
Fosso Grande
Fosso Grande 1767
1858, 1872
1850
1872
1820
1858
TICI
1631
1810
1822
Le Pi
1631
1860
1860
Resina
1631
Bocche del 1794
1794
Bocche del 1861
1631
1861
1697
Favorita
Herculanum
79
1794
Fosso Bianco
1631
1737
Scala
Cappuccini
Calastro
1804
1805
RE DEL GRECO
1631, 1794
1806
Camaldoli
1631
1806
1747
1631

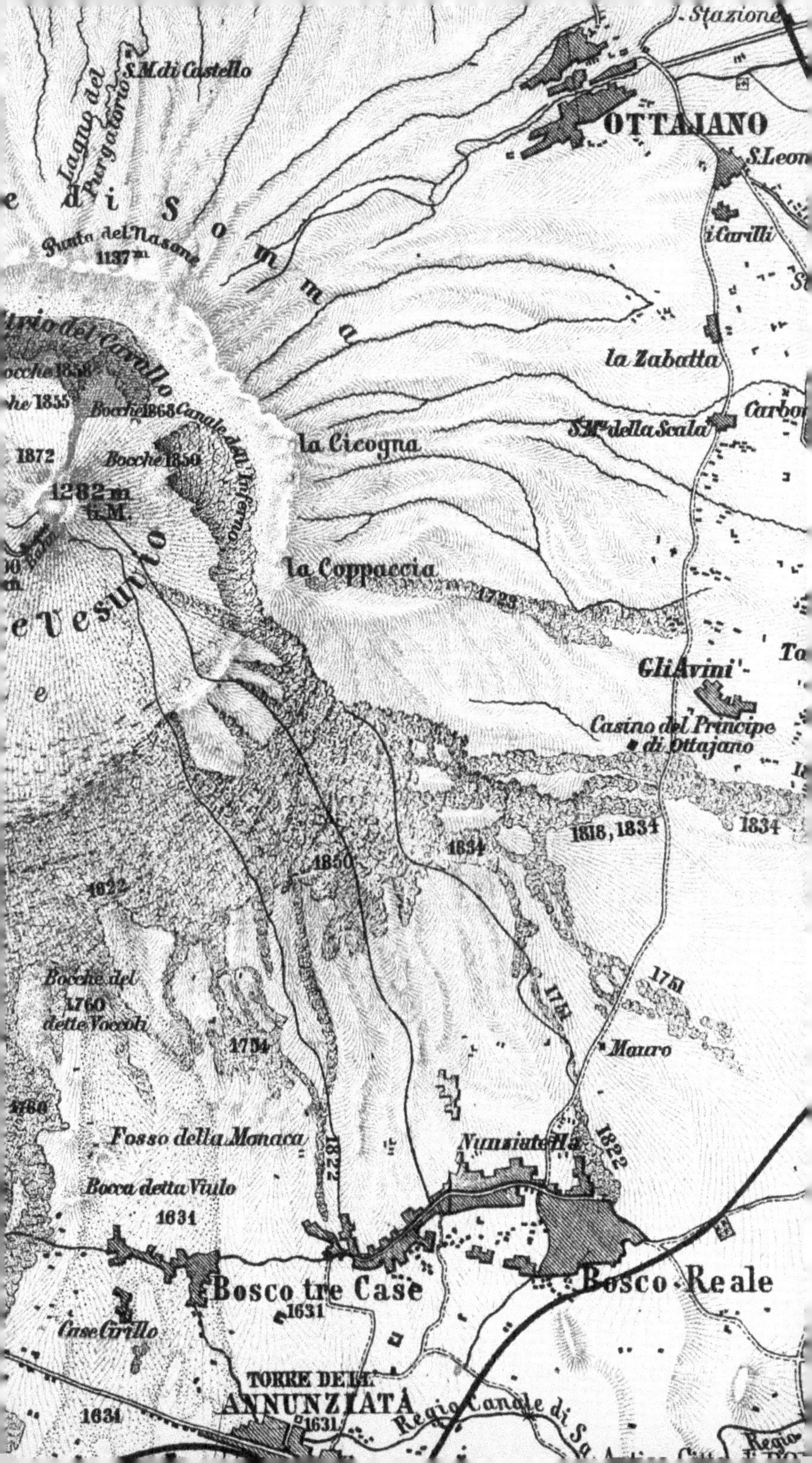

Stazione
S.M. di Castello
Lagno del Purgatorio
OTTAJANO
S.Leon
di Somma
i Carilli
Punta del Nasone
1137m
la Zabatta
Bocche 1855
Bocche 1868
Canale dell' Inferno
S.M.a della Scala
Carbo
1872
la Cicogna
Bocche 1850
1282 m
la Coppaccia
Vesuvio
1723
Gli Avini
Casino del Principe di Ottajano
1818, 1834
1834
1834
1850
1822
Bocche del 1760 dette Vaccoli
1751
1751
1754
Mauro
1760
Fosso della Monaca
Nunziatella
1822
1822
Bocca detta Viulo
1631
Bosco tre Case
Bosco Reale
1631
Case Cirillo
TORRE DELL' ANNUNZIATA
1631
1631
Regio Canale di Sa